Du bist nicht allein!

LGBTQIA+ Community Handbuch

Wie Du Dich selbst finden kannst,
Schritt für Schritt - inneres und äußeres Coming-out,
Freundschaft, Beziehung - was die Community Dir bietet

LENNART LINDGREN

Copyright © 2020 Lennart Lindgren

Alle Rechte vorbehalten.

ISBN: 9798567036303

INHALTSVERZEICHNIS

Einleitung 7
   Bist Du selbst eine LGBTQIA+ Person? 8
   Gehörst Du selbst nicht zum Kreis der LGBTQIA+ Personen, hast aber Kontakte in die Szene? 8
   Du hast diesen Ratgeber als Außenstehender ohne Kenntnisse zur und ohne Kontakte in die LGBTQIA+ Community in die Hände bekommen? 9

LGBTQIA+ Was bedeutet das überhaupt? 11

Finde dich selbst! Wie geht das? 17
   Wer bist Du? 19
      Gib Dir selbst Zeit, Dich zu entdecken 19
      Du bist nicht alleine – Anlaufpunkte auf dem Weg zu dir selbst 20
      Du bist niemals schlecht, nur weil Du LGBTQIA+ bist 21
   Wen liebst Du? 21
      Das Objekt Deiner sexuellen Begierde 22
      Lesbisch – wenn Du als Frau eine Frau liebst 22
      Schwul – als Mann andere Männer lieben 22
      Bisexuell – wenn Du Mann und Frau lieben kannst 23
      Pan- bzw. polysexuell – über Grenzen hinweg lieben 23
      Asexuell – keine sexuelle Anziehung 24
   Wie lebst Du? 24
   Schritt für Schritt - Inneres und äußeres Coming-out 25
      Inneres Coming-out oder die Fähigkeit zu Selbstakzeptanz und Selbstliebe 26
      Äußeres Coming-out Konfrontiere die Welt mit Dir 27

Wozu eine eigene Community? 29
   Welche Ziele verfolgt sie? 30
      Politische Arbeit 30
      Die LGBTQIA+ Community in der Wirtschaft 30
      LGBTQIA+ Community und Gesundheit 31
   Vorteile einer Community 31
      Schutzraumfunktion der LGBTQIA+ Community 32
      LGBTQIA+ Beratung - Anlaufstellen in Krisensituationen 32
      Community-eigene Freizeitangebote für LGBTQIA+ 33

Zusammenarbeit macht stark 33
Wann wird Community zur Last? 34
    Lesbisches und schwules Idealbild – wer nicht der Norm entspricht, hat
    Probleme 35
    Sonderfall Transpersonen 36
    Interner Streit als Belastungsprobe 36
    Lesbisch-schwule Differenzen 36
    Faktor Geld – Fördertöpfe und die LGBTQIA+ Community 37
    LGBTQIA+ Community – Licht und Schatten 38

Bunt, fordernd, vielfältig – LGBTQIA+ Community als Abbild der Gesellschaft 39
Alle LGBTQIA+ Lebensentwürfe sind willkommen 40
Differenzierung als Vor- und Nachteil 40
Gemeinsam Ziele erreichen – trotz Verschiedenheit 41
Grabenkämpfe gehören zur Community 42
Community im Wandel 42
    Veränderte Bedingungen, neue Community 43
    Öffnung führt zu Veränderung 43
    Veränderung durch Gentrifizierung 44
    Neue Partypeople im In-Viertel 44
    Hetero-Gastronomie zunehmend queer-friendly 45

Wo die LGBTQIA+ Community in Gesellschaft und Politik aktiv ist 47
Queere Zentren als Fixpunkte der LGBTQIA+ Community in Deutschland 48
Beratungsstellen für LGBTQIA+ 49
Antigewaltprojekte der Community 50
Anlaufstellen für geflüchtete LGBTQIA+ 50
Gesundheitsvorsorge und Präventionsarbeit der Community (z. B. Aidshilfen) 52
    Die Aidshilfe als wichtiger Teil der LGBTQIA+ Community 52
    Gesundheitsvorsorge der Community-Vereine und queeren Zentren .. 53
Projekte und Angebote für ältere LGBTQIA+ 54
    Wohnprojekte für queere Ältere und alte 55
    Angebote für ältere LGBTQIA+ 55
    Verbände für LGBTQIA+ SeniorInnen 55
Fortbildungsangebote der LGBTQIA+ Vereine 56

Fortbildung für Standesbeamtinnen und städtische Bedienstete 57
Fachfortbildung zum Thema LGBTQIA+ für Pflegende 57
Die LGBTQIA+ Community in der Jugendarbeit 58
Studie zur Situation von LGBTQIA+ Jugendlichen 59
Queere Jugendzentren als wichtige Anlaufstellen 59
Begleiteter Weg zur eigenen Identität 61
Wohnprojekte für LGBTQIA+ Jugendliche 61
Verbands- und Netzwerkarbeit 62
LGBTQIA+ in der Politik.. 65
Parteipolitische Arbeit der LGBTQIA+ Community 65
Sonstige Politikarbeitfelder der LGBTQIA+ Community 67
Diversity-Arbeit in Unternehmen.. 68
Psychische Belastung durch Verheimlichung 68
Diversity-Management in Unternehmen 69
Diskriminierung von LGBTQIA+ am Arbeitsplatz - strukturelles
Problem 70
LGBTQIA+ Organisationen außerhalb der Unternehmen 71

Die LGBTQIA+ Community und ihr Umgang mit Hass 73
Was kann die Community Anfeindungen entgegensetzen? 74
Welche Hilfsangebote der LGBTQIA+ Community für Gewaltopfer
gibt es? 75

Freundschaft, Beziehung – was die Community Dir bietet ... 77
Deine Vorlieben ausleben in der Community................................. 78
Vorsicht bei Internet-Dates.. 80
Schütze dich selbst vor Krankheiten 82

**Community als Treffpunkt – Gleich und gleich gesellt sich
gern! 85**
Niederschwellige Angebote für „Newcomer" 86
Freizeittreffs.. 88
Kommerzielle Angebote der Community...................................... 90
Queere Reisen 90
Party, Party, Party 91
LGBTQIA+ Guides, Magazine und Zeitschriften 92
Hochglanz-Magazine 92

Regenbogenfamilien... 95
Duden versus Community - Das Problem der Definition 95

Vom Kinderwunsch zur Regenbogenfamilie..96
Zahl der Regenbogenfamilien in der LGBTQIA+ Community............96
Anlaufstellen für Regenbogenfamilien und Interessierte......................97

LGBTQIA+ Community – Verhältnis zu den Kirchen bzw. Religionsgemeinschaften 99
Die christlichen Kirchen und Homosexualität......................................99
Verhältnis zwischen Islam und LGBTQIA+ Community.................. 101
Religionsgemeinschaft und LGBTQIA+ Community als Heimat...... 101

Fazit – LGBTQIA+ Community war, ist und bleibt wichtig! 103

Weiterführende Informationen und wichtige Institutionen der LGBTQIA+ Community...107
Interessante Informationen zum Thema LGBTQIA+....................... 108

EINLEITUNG

Wir Menschen sind die reinsten Herdentiere, wir halten es nicht lange aus, alleine zu sein. Deshalb gibt es in allen Kulturen und Gesellschaften den Drang zur Gruppenbildung. Das gilt für den privaten und beruflichen Bereich gleichermaßen. Vor allem im privaten Bereich neigen wir Menschen dazu, kleinere oder größere Gruppen zu bilden, die die gleichen Interessen und Ziele verfolgen. Das beginnt bei Sportgruppen, geht bei Interessenvertretungen weiter und hört bei politischen Parteien auf.

Ein Beispiel, das Du vielleicht kennst, kann verdeutlichen, wie das funktioniert. Stell Dir vor, Du hast ein Hobby, das Dir sehr am Herzen liegt. Dann suchst Du fast automatisch, oft sogar unbewusst, nach Leuten, die das gleiche Hobby haben und Deine Interessen teilen. Mit ihnen kannst Du Dich austauschen, diskutieren, Projekte starten oder Veranstaltungen besuchen. Hier greift der alte Ausspruch „gleich und gleich gesellt sich gern". So entsteht eine Gruppe Gleichgesinnter.

In diesem Buch werden in einem ersten Schritt die Grundzüge einer Community im Allgemeinen und der LGBTQIA+ Community im

Speziellen erklärt. Anschließend werfen wir mit Dir einen Blick auf Dich selbst. Denn nur, wenn Du weißt, wer Du bist, was Du fühlst und wen Du liebst, kannst Du entscheiden, ob die LGBTQIA+ Community der Ort ist, an dem Du dich innerlich beheimaten kannst. Dann lernst Du die Community mit all ihren Angeboten kennen, erfährst, wie vielfältig sie arbeitet, was sie anbietet und wie sie versucht, die Diskriminierung von LGBTQIA+ Personen zu beenden und für Akzeptanz zu werben.

Wenn Du Dich jetzt fragst, was Dir denn dieser Ratgeber ganz persönlich bietet, dann lässt sich diese Frage in dreierlei Hinsicht beantworten.

BIST DU SELBST EINE LGBTQIA+ PERSON?

Dann findest Du in diesem Buch zunächst einmal viele Informationen, wie vielfältig und ausdifferenziert die Community ist und erhältst jede Menge Kontaktadressen, die Dir den Zugang zur Community erleichtern. Gleichzeitig erhältst Du viele gute Tipps, was Dir die Szene überhaupt zu bieten hat, wo Du Leute treffen, mit anderen feiern oder gemeinsam etwas unternehmen kannst. Dieser Ratgeber soll Dir sozusagen das Tor öffnen, ob Du hindurchgehst und Dich auf die Community einlässt, darfst Du entscheiden.

GEHÖRST DU SELBST NICHT ZUM KREIS DER LGBTQIA+ PERSONEN, HAST ABER KONTAKTE IN DIE SZENE?

In diesem Fall erfährst Du beim Lesen beispielsweise, unter welchen Problemen Deine Bekannten auch heute noch zu leiden haben, an welchen Orte Du auch als heterosexuelle Person herzlich willkommen bist oder wo Du Beratung erhältst (wenn etwa Dein Kind homosexuell ist). Außerdem thematisiert das Buch immer wieder, wie Du mit LGBTQIA+ Personen respektvoll umgehen kannst. Zudem kannst Du Dich informieren, was Du selbst tun könntest, wenn z. B. eine Deiner Bekanntschaften aus der Community Opfer eines homo- oder transphoben Übergriffs geworden ist.

DU HAST DIESEN RATGEBER ALS AUßENSTEHENDER OHNE KENNTNISSE ZUR UND OHNE KONTAKTE IN DIE LGBTQIA+ COMMUNITY IN DIE HÄNDE BEKOMMEN?

Dann kann er Dir alle, zumindest alle wichtigen Fakten zur Community bieten. Wenn Du ihn liest, bist Du durch die vielen Informationen gut auf eventuelle Kontakte mit LGBTQIA+ Personen vorbereitet. Du erfährst mehr über die Diskriminierung, mit der LGBTQIA+ zu kämpfen hatten und haben und Du bekommst Infos zur Entstehung der Community. Außerdem zeigt Dir dieser Ratgeber, wer alles zur Community gehört, was sie tut und wie sie Menschen helfen kann, die sich als LGBTQIA+ bezeichnen.

Es ist für Dich sicher kein Geheimnis, dass es seit der Entstehung der Menschheit auch unterschiedliche Interessen in sexueller Hinsicht gibt. Außerdem existieren mehr als nur zwei sexuelle Identitäten. Obwohl von verschiedenen Seiten gerne behauptet, gibt es nicht nur den Cis-Mann oder die Cis-Frau, bei denen die Geschlechtsmerkmale mit der Geschlechtsidentität übereinstimmen. Zur Unterscheidung der verschiedenen Identitäten und Orientierungen kommen wir später. Zunächst einmal ist es wichtig, dass Du weißt, dass es mehr gibt, als die von einem großen Teil der Gesellschaft anerkannten Identitäten.

Überall auf der Welt leben Menschen unterschiedlichster sexueller Orientierung bzw. sexueller Identität. Da viele von ihnen noch heute unter Vorurteilen, Ablehnung, Einsamkeit und Gewalt zu leiden haben, sind für sie Kontakte zu Menschen, die in derselben Lage sind, extrem wertvoll.

Aus diesem Grund entstehen bis heute immer wieder Gruppen, in denen sich Leute zusammenfinden, um sich auszutauschen, gegenseitig Mut zu machen und im Idealfall etwas an ihrer Situation zu verändern. Vielleicht könnte man die LGBTQIA+ Community auch als große, bunte Familie all derer bezeichnen. Wer sich zu ihr zählt, definiert sich als Mensch, der außerhalb der allzu engen und nicht mehr zeitgemäßen gesellschaftlichen Beschränktheit der „normalen" (was ist schon normal?) Heterosexualität lebt und liebt.

Lass Dich von diesem Ratgeber mitnehmen auf eine Reise durch die LGBTQIA+ Community, die so bunt ist, wie der Regenbogen und die sich dieses Symbol bewusst ausgesucht hat.

LGBTQIA+
WAS BEDEUTET DAS ÜBERHAUPT?

Auf diese Weise ist auch die LGBTQIA+ Community entstanden. Sie lässt sich als eine Gruppe von Menschen definieren, die gleiche Ziele verfolgen, zum Teil gleiche Interessen und auch gleiche Probleme haben. Den Anstoß zur Bildung dieser Community gab die Diskriminierung sexueller Minderheiten in den USA am Ende der 1960er Jahre. Als am 28. Juni 1969 eine Razzia im Stonewall Inn, einem vor allem bei Homo- und Transsexuellen beliebten Lokal, stattfand und Gäste verhaftet werden sollten, widersetzten sich diese und es kam zu großen Unruhen. Diese Unruhen gelten als die „Geburtsstunde" der LGBTIQ+ Community, denn zum ersten Mal wehrten sich Lesben, Schwule und Transsexuelle gegen die Willkür der Polizei und kämpften gemeinsam für die Gleichberechtigung. Aus diesen Anfängen ist die Gruppe entstanden, die heute als LGBTQIA+ Community bezeichnet wird.

Zunächst wurde der Kampf um Gleichberechtigung vor allem von den LGBT getragen, weil hauptsächlich Lesben (**Lesbians**), Schwule (**Gays**), Bisexuelle (**Bi-Sexuals**) und Transsexuellen (**Transgender**) in Erscheinung traten. Im Zuge der Queer-Theorie schlossen sich dann weitere Personengruppen an, vor allem die sich als **Queers** bezeichnenden Leute, Intersexuelle sowie **A**sexuelle. Um weiteren Geschlechtsidentitäten einen Platz zu bieten, erweiterte man die Kurzbezeichnung um ein „*" bzw. ein „+". Daraus entstand dann letztlich die **LGBTQIA* Community** bzw. die **LGBTQIA+ Community**.

Diese Community ist heute weltweit sehr eng miteinander vernetzt. Rund um den Globus haben sich entsprechende Vereine und Vertretungen gebildet. Dies ermöglicht einen wirkungsvollen Kampf um Akzeptanz, Gleichberechtigung und Veränderung. Dass die LGBTQIA+ Community auch heute noch von großer Bedeutung ist und Sinn macht, zeigen schon alleine die wieder aufflammenden Ressentiments, verbalen und auch physischen Anfeindungen gegen Angehörige der Community. Trotz unserer aufgeklärten Zeit droht Community-Zugehörigen in 15 Staaten noch immer die Todesstrafe (Stand 2020). Auch die Tatsache, dass im Jahr 2019 in 45 Ländern Menschen nur aufgrund ihrer Homo- oder Transsexualität gewaltsam den Tod fanden zeigt, wie notwendig die LGBTQIA+ Community und ihr Kampf immer noch ist.

Wer aber gehört eigentlich zur LGBTQIA+ Community in Deutschland, wie sind die einzelnen Orientierungen oder Identitäten zahlenmäßig vertreten? Das ist eine spannende Frage, deren Beantwortung dabei helfen kann, einzuschätzen, wie groß die queere Familie in der Bunderepublik Deutschland überhaupt ist.

STATISTISCHE GRÖßEN BEZÜGLICH DER DEUTSCHEN LGBTQIA+ COMMUNITY

Betrachtet man die Weltbevölkerung, so besagen Schätzungen, dass sich 7 bis 9 Prozent aller Menschen als LGBTQIA+ Personen definieren. Laut statistischer Erhebungen definierten sich im Jahre 2016 in Deutschland insgesamt 7,4 Prozent der Bevölkerung als

LGBTQIA+. Davon bezeichneten sich zwischen 2,3 und 3,5 Millionen erwachsene Männer (also etwa 6,4 Prozent der männlichen Bevölkerung) als zur LGBTQIA+ Familie gehörig. Insgesamt 8,4 Prozent aller deutschen Frauen bezeichnen sich als LGBTQIA+. Bei einer 2003 durchgeführten Befragung kam heraus, dass sich 0,9 Prozent der Männer und 1,4 Prozent der Frauen als bisexuell definierten. Ein wichtiges Kriterium bei der Selbstdefinition ist immer das Alter der Befragten. Die jüngere Generation der Millennials (also der zwischen 1980 und 1999 Geborenen) tendiert beispielsweise deutlich stärker dazu, sich als LGBTQIA+ zu bezeichnen, als ältere Personen. Eine Einschätzung bezüglich des Anteils der Personen mit anderer sexueller Orientierung oder Geschlechtsidentität gestaltet sich schwierig, da es hier nur sehr wenige belastbare Zahlen gibt.

Es existieren zahlreiche Gerüchte, unter denen die Lesben-, Schwulen-, Bi- und Trans*-Community immer noch leidet. Manche sehen in ihr lediglich ein Spielfeld für wilde Sex-Orgien, andere beschreiben sie als niedlichen Kuschel-Ort, an dem sich alle, die sich diskriminiert fühlen, ihre seelischen Streicheleinheiten abholen können. Viele betrachten und kritisieren die LGBTQIA+ Community auch als abgeschlossenes, für die normale Gesellschaft nicht zugängliches Ghetto. Allzu oft wird sie deshalb abgelehnt. Viel zu selten nimmt man sie als das wahr, was sie wirklich ist, nämlich Heimat, Schutzraum und Werkzeug für die, die sich mit der Diskriminierung aufgrund der sexuellen Orientierung oder Geschlechtsidentität nicht abfinden wollen. Die LGBTQIA+ Community gibt es heute in allen größeren Städten. Sie bietet, immer abhängig von der Größe der Stadt, eine ganze Reihe von Einrichtungen. Wer sich der Community zugehörig fühlt oder einfach interessiert ist, der findet Beratungsstellen, Selbsthilfegruppen und Freizeitgruppen genauso, wie Bars, Restaurants, Clubs, Hotels und sogar öffentliche Orte und Parks, die ausschließlich oder zumindest mehrheitlich von LGBTQIA+ Personen frequentiert sind. Entsprechende Angebote für Transgender-Personen sind leider noch zu selten vorhanden. Wenn es sie gibt, dann hauptsächlich in den Metropolen der Republik.

LGBTQIA+ PERSONEN GELTEN ALS ZAHLUNGSKRÄFTIG

Eine weit verbreitete Meinung besagt, dass die Angehörigen der LGBTQIA+ Community eine sehr finanzstarke und kauffreudige Personengruppe ist. Nicht umsonst gilt der LGBTQIA+ Markt als einer der am schnellsten wachsenden Märkte weltweit. Zugegeben, viele der zur Community gehörenden Personen verfügen über einen hohen Bildungsstand, einen guten Arbeitsplatz und das damit verbundene, hohe Gehalt. Auch Kinder oder Ehepartnerinnen sind oft nicht vorhanden. Daraus resultieren ein großes finanzielles Polster sowie ein kauffreudiges und auch qualitätsbewusstes Verhalten. Außerdem sind viele LGBTQIA+ sehr aktiv bezüglich ihres Freizeitverhaltens. Insbesondere schwulen und bisexuellen Männern haftet der Ruf an, eine sehr vielversprechende Zielgruppe zu sein. Dies alles bedeutet aber nicht, dass die Community von wohlhabenden, mit Geld um sich werfenden Personen dominiert wird. Es ist trotz des nachgewiesenen höheren Bildungsstandes vielmehr eine Realität, dass viele Angehörige der LGBTQIA+ Community finanziell oft schlechter gestellt sind, als Heterosexuelle. Nicht wenige von ihnen leben am oder sogar unter dem Existenzminimum. Grund dafür ist unter anderem, dass sie oft alleinstehend sind, in den teuren Großstädten leben. Außerdem führen Diskriminierung, Stigmatisierung und das vermiedene Outing zu seelischen Erkrankungen. Diese wiederum wirken sich negativ auf das Einkommen aus.

Besonders schwierig ist die Situation der zur Community gehörenden transidenten bzw. transsexuellen Personen. Sie haben noch sehr viel öfter mit Anfeindungen und Diskriminierung zu kämpfen, nicht nur in der Freizeit, sondern auch am Arbeitsplatz. Aus diesem Grund sind viele von ihnen gezwungen, die Arbeitsstelle zu wechseln, oft mit dem Ergebnis einer schlechteren Bezahlung. Die Situation ist nicht selten so schlimm, dass sie seelische Schäden davontragen und entsprechende Therapien in Anspruch nehmen müssen. Es sind Fälle bekannt, in denen die Arbeitskollegen im Büro einer Trans+ Person ihre Exkremente hinterlassen haben. Eine solche Gesamtsituation führt letztlich in nicht wenigen Fällen dazu, dass die betroffenen Personen einen sozialen und auch finanziellen Abstieg erleiden.

Bevor Du mehr über die Möglichkeiten (und auch Grenzen) der LGBTQIA+ Community erfährst, ist es wichtig, dass Du für Dich herausfindest, ob Du überhaupt zur „queeren Familie" gehörst. Im nächsten Kapitel findest Du Gedanken und Tipps, wie Du für Dich klären kannst, wer Du bist und wie Du liebst.

FINDE DICH SELBST! WIE GEHT DAS?

Vielleich fragst Du Dich, was denn die LGBTQIA+ Community mit Dir zu tun hat. Zunächst einmal gar nichts, es sei denn, Du entdeckst, dass Du eine eigene sexuelle Orientierung bzw. Geschlechtsidentität hast.

Folgende sexuelle Orientierungen sind möglich:

- Du bist Mann und findest Männer sexuell anziehend (homosexuell)
- Du bist Frau und fühlst dich von Frauen angezogen (homosexuell)
- Du bist Mann und findest Männer **und** Frauen sexuell anziehend (bisexuell)
- Du bist Frau und interessierst dich für Frauen **und** Männer (bisexuell)
- Du bist Mann und hast kein Interesse an Männern **und** Frauen (asexuell)

- Du bist Frau und hast kein Interesse an Frauen **und** Männern (asexuell)

Neben der sexuellen Orientierung gibt es auch verschiedene Geschlechtsidentitäten:

- Du wurdest als Mann geboren, empfindest dich aber als Frau (transident oder transsexuell)
- Du wurdest als Frau geboren, empfindest dich aber als Mann (transident oder transsexuell)
- Du empfindest dich weder als Mann noch als Frau (non-binäre Geschlechtsidentität)

Du siehst, dass es viele unterschiedliche Arten gibt, zu leben und auch zu lieben. Irgendwann im Verlauf deiner Kindheit oder Jugend (und sehr häufig sogar erst im Erwachsenenalter) merkst Du, dass Du irgendwie nicht den von der Gesellschaft vermittelten Normen bezüglich der sexuellen Orientierung bzw. der Geschlechtsidentität entsprichst.

Vielleicht fällt Dir im Sportunterricht auf, dass du als Junge eigentlich den Mädchen hinterhergucken solltest, aber vielmehr Interesse an Deinen männlichen Klassenkameraden entwickelst. Oder es funktioniert umgekehrt und du schaust als Mädchen viel lieber den anderen Mädels hinterher, anstatt dich an den gutaussehenden Jungs zu erfreuen. Dann könnte es sein, dass Du nicht heterosexuell, sondern homosexuell, also lesbisch oder schwul bzw. zumindest bisexuell bist. Manchmal ist dieses Interesse am gleichen Geschlecht lediglich eine Phase, die auch wieder endet. In diesem Fall verschwindet das, meist durch Neugier geweckte Interesse wieder und Du beginnst, dich wieder stärker dem anderen Geschlecht zuzuwenden. Bleibt das Interesse allerdings bestehen und verstärkt sich sogar noch, solltest Du dich mit dem Thema Homo- oder Bisexualität näher beschäftigen.

Auch die Geschlechtsidentität bzw. die Abweichungen zwischen biologischem und psychologischem Geschlecht kann früh sichtbar zu Tage treten. Immer wieder gerne genannte Hinweise können beispielsweise sein, dass Du als Mädchen lieber mit Jungs spielst und

Dich eher für Fußball interessierst, als für Ballett. Umgekehrt kann es sein, dass Du als Junge eine Vorliebe für Puppen und Mädchenspiele entwickelst, Dich gerne schminkst oder auch mal heimlich die Kleidung Deiner Schwester anprobierst. Zugegeben, die hier genannten Beispiele wirken sehr klischeehaft. Sie wurden auch nur genannt, um zu verdeutlichen, wie sich an äußerem Verhalten eine innere Einstellung zeigen könnte. Hier wäre es wichtig zu ergründen, ob es sich um einen schlichten Rollentausch handelt, der aus einer Neugier heraus vollzogen wird, oder ob es sich tatsächlich um den Ausdruck eines bestimmten Selbstbildes handelt.

WER BIST DU?

Für Deine Entwicklung hin zu einer eigenständigen und selbstbewussten Persönlichkeit ist es ungemein wichtig, dass Du weißt, wer Du bist. Dieses Wissen hast Du nicht von einem Moment zum anderen. Zu erfahren, wer Du tief in Deinem Innersten bist, ist ein Lernprozess, der mal Freude bereiten und ebenso schmerzhaft sein kann. Gerade, wenn Du fühlst, dass deine gerade erwachende Sexualität eine andere ist, als die, die Dir von deinen Eltern, den Lehrern oder Bekannten vorgelebt und als normal vermittelt wird, kann das sehr irritierend sein. Viele Kinder und Jugendliche mit homo- oder bisexuellen Neigungen empfinden sich als unnormal und versuchen, ihre Gefühle zu unterdrücken und zu leugnen. Ähnlich geht es Kindern und Jugendlichen, die zwar biologisch als Männer oder Frauen geboren wurden, aber sehr früh merken, dass ihr Innerstes genau das entgegengesetzte Geschlecht besitzt.

GIB DIR SELBST ZEIT, DICH ZU ENTDECKEN

Herauszufinden, wer man selbst ist, braucht vor allem Zeit. Der Weg zu Dir selbst ist kein kurzer Sprint, sondern in den meisten Fällen ein Marathonlauf. Aus diesem Grund solltest Du dir selbst Zeit geben, Deine Wünsche und Sehnsüchte kennenzulernen, herauszufinden, was Dir am meisten Freude bereitet, wo Du Dich wohlfühlst und vor allem, wann Du das Gefühl hast, ganz Du selbst zu sein. Denke immer daran, dass Du alle Zeit der Welt hast. Nachdem Du zu Beginn vermutlich niemandem oder nur sehr wenigen Menschen von dem erzählt hast, was Dich bewegt, wird Dich niemand unter Druck setzen. Tu dies auch selbst nicht. Dich und Deine zu Dir gehörende Sexualität kennenzulernen und sie zu akzeptieren, ist ein mitunter langer Prozess. Du alleine bestimmst, welche Schritte du wann gehst und nur Du entscheidest, ob Du etwas tun möchtest oder nicht. Es geht um Dein Leben, um Deinen Lebensentwurf und um Deine Lebens- und Liebesweise, deshalb bestimmst Du, wie schnell und wohin Du zu gehen bereit bist.

DU BIST NICHT ALLEINE – ANLAUFPUNKTE AUF DEM WEG ZU DIR SELBST

Viele Jugendliche, die spüren, dass sie sexuell „anders ticken", durchleben nicht selten eine Phase, in der sie sich einsam fühlen, weil sie sich nicht trauen, mit jemandem zu sprechen. Eine gewisse Zeit lang gehört dies sicher dazu, irgendwann solltest Du aber diese Einsamkeit durchbrechen. Wenn Du bemerkst, dass Du „anders" bist, als andere Kinder oder Jugendliche, solltest Du mit dieser Situation nicht zu lange alleine bleiben, sondern Dir Hilfe holen. Wenn Du merkst, dass Du mit Deinen Eltern oder Freunden nicht offen über Deine Sexualität oder Identität sprechen kannst, nutze einfach andere Möglichkeiten. Die LGBTQIA+ Community betreibt in verschiedenen Metropolen entsprechende Jugendzentren, in denen sich ganz verschiedene Gruppen treffen. In diesen kannst Du offen über das sprechen, was Dich beschäftigt und findest in den dort arbeitenden Sozialpädagogen oder Sozialarbeitern kompetente Ansprechpartner. Es gibt sogar eigene Beratungsstellen für queere Jugendliche. Alle diese Angebote der LGBTQIA+ Community sind sehr niedrigschwellig aufgebaut. Dies ist der Tatsache geschuldet, dass es einen Jugendlichen oft viel Überwindung kostet, den ersten Schritt hin zu einer Unterstützung zu machen. Über das Jugendnetzwerk Lambda findest Du die Kontaktadressen solcher Jugendzentren und weiterer Einrichtungen, die sich mit dem Thema auskennen. Inzwischen gibt es solche, auf queere Jugendliche spezialisierte, Einrichtungen in allen Bundesländern. Du musst diesen Weg zu Dir selbst also nicht ausschließlich alleine zurücklegen. Es gibt unzählige Menschen, die vor Dir den gleichen

Weg gegangen sind, die denselben inneren Kampf ausgefochten haben, wie Du ihn gerade kämpfst. Das Wissen, dass Du auf die von ihnen gemachten Erfahrungen zurückgreifen kannst, dass sie Dich unterstützen und Dir sinnvolle Ratschläge geben können, sollte Dir viel Ruhe verleihen.

DU BIST NIEMALS SCHLECHT, NUR WEIL DU LGBTQIA+ BIST

Was Du bei den verwirrenden Gedanken und Gefühlen nie vergessen darfst, ist die Tatsache, dass es vollkommen in Ordnung ist, dass Du in bestimmter Weise fühlst. Lass Dir von niemandem einreden, dass es „unnormal" oder „moralisch schlecht" ist, wenn Du Interesse am gleichen Geschlecht entwickelst oder Dich innen anders fühlst, als Du außen aussiehst. Du hast jedes Recht der Welt, genau so zu sein, wie Du eben bist, egal ob du letztlich heterosexuell, homosexuell, bisexuell oder asexuell bist. Alle, die etwas anderes behaupten, haben überalterte Menschen- und Rollenbilder und sind in einem zu engen Denkhorizont gefangen, aus dem sie nur sehr schwer oder gar nicht ausbrechen können. Solche Leute wirst Du immer wieder treffen, sie werden versuchen, Dich zu beeinflussen und Dich so zurechtzubiegen, wie es ihnen gefällt. Lass Dich von solchen Menschen nicht vereinnahmen, geh Deinen ganz eigenen Weg als der Mensch, der Du bist und der Du sein sollst.

WEN LIEBST DU?

Man kann ohne Übertreibung sagen, dass dies die Grundfrage ist, an deren Antwort sich Dein weiteres Leben ausrichten wird. Egal, in welchem Alter diese Frage plötzlich vor Dir auftaucht, sie wird Dir zunächst wie ein gewaltiges, unüberwindliches Bergmassiv erscheinen und Dir vielleicht jede Menge Angst machen. Das ist überhaupt nicht schlimm, denn wichtige Fragen verursachen immer zuerst einmal Unsicherheit. Wichtig ist es, sie früher oder später offen und vor allem ehrlich zu beantworten.

DAS OBJEKT DEINER SEXUELLEN BEGIERDE

Hinter der Frage, wen Du liebst, steht zunächst mal die Frage, wen Du denn als das Objekt Deiner sexuellen Sehnsüchte ansiehst. Die Antwort auf diese Frage entscheidet letztlich darüber, ob Du lesbisch, schwul, bisexuell, poly-, omni- bzw. pansexuell oder auch asexuell bist.

LESBISCH – WENN DU ALS FRAU EINE FRAU LIEBST

Lesbisch bist Du, wenn Du als Frau ausschließlich Sex mit anderen Frauen praktizierst. Übrigens lehnen viele Lesben es ab, als homosexuell bezeichnet zu werden. Grund hierfür ist, dass sie nicht auf den sexuellen Aspekt der von ihnen bevorzugten Lebensform reduziert werden möchten. Für viele Lesben gehören neben dem Sex auch emotionale Zuwendung und Beziehung zu ihrem Selbstverständnis.

Lesbische Frauen unterscheiden sich bezüglich ihrer Lebensentwürfe und ihrer Lebensweise häufig deutlich von homosexuellen Männern. Es hat den Anschein, dass schwule Männer sehr viel stärker nach außen hin sichtbar sind oder sein möchten. Lesben scheinen sehr viel zurückhaltender zu sein. Auch, was den Körperkult angeht, sind lesbische Frauen sehr oft deutlich entspannter, als ihre männlichen Community-Kollegen.

SCHWUL – ALS MANN ANDERE MÄNNER LIEBEN

Als schwuler Mann gehörst Du zur zahlenmäßig größten Untergruppe der LGBTQIA+ Community. Homosexuell (oder eben schwul bzw. gay) bist Du, wenn sich Deine sexuellen Wünsche ausschließlich auf Männer konzentrieren. Wie bei den Lesben, so praktizierst Du also gleichgeschlechtlichen Sex und auch partnerschaftliche Beziehungen gehst Du nur mit Männern ein.

Obwohl es die gängigen Klischees bedient, ist es doch eine Realität, dass viele schwule Männer sehr viel extrovertierter auftreten, als lesbische Frauen. Am deutlichsten wird dies bei den jährlich stattfindenden CSDs und den dazugehörigen Demonstrationszügen.

Wo sich die lesbischen Frauen mit einer Motorradgruppe und eher nicht freizügigen Demo-Wagen begnügen, sieht man auf den männlich dominierten demo-Fahrzeugen viel nackte Haut und so manches, nicht jugendfreies Verhalten der Mitfahrenden. Homosexuelle Männer legen also sehr viel Wert auf ein attraktives Erscheinungsbild und nutzen ihre Vorzüge deutlich offener, als dies bei lesbischen Frauen zu sehen ist.

BISEXUELL – WENN DU MANN UND FRAU LIEBEN KANNST

Als bisexuelle Frau bzw. bisexueller Mann hast Du es in der LGBTQIA+ Community nicht immer ganz einfach. Die Tatsache, dass Du als bisexuell veranlagte Person zu sexuellen Handlungen und Beziehungen mit beiden Geschlechtern in der Lage bist, führt oft dazu, dass Du mit Vorurteilen in der Community zu kämpfen hast. Lesbische Frauen sehen Dich nicht als typische und vollwertige Lesbe und von den schwulen Männern wirst Du vielleicht nicht als „echter" Homosexueller angesehen, weil Du Dich ja auch von Frauen sexuell angezogen fühlst.

Bisexualität, also die Fähigkeit, sich für mehr als zwei Geschlechter oder Geschlechtsidentitäten zu interessieren, ist in der Community dennoch weit verbreitet. Es gibt beispielsweise sogar eigene Gruppen für schwule oder bisexuelle Väter und Ehemänner. Wenn Du bisexuell bist, gehörst Du übrigens zur Gruppe der sogenannten nicht-monosexuellen Orientierungen, wie auch pansexuell veranlagte Menschen. Insofern kannst Du Dich als bisexuell veranlagte Person auch als pansexuell bezeichnen.

PAN- BZW. POLYSEXUELL – ÜBER GRENZEN HINWEG LIEBEN

Als pansexueller Mensch bist Du fähig, romantische und sexuelle Gefühle für Menschen aller Geschlechter und Geschlechtsidentitäten zu entwickeln. Insofern gehörst Du als pansexuelle Person, sozusagen als Sonderform, in die Kategorie der bisexuellen Menschen.

Im Gegensatz zum pansexuell veranlagten Menschen bedeutet polysexuell, dass der- oder diejenige sich zwar zu mehr als zwei Geschlechtsidentitäten hingezogen fühlt, aber nicht an allen Spielformen Interesse hat, wie pan- oder omnisexuell Veranlagte.

ASEXUELL – KEINE SEXUELLE ANZIEHUNG

Fehlt Dir das Interesse bzw. das Verlangen nach jeder nur denkbaren Form von Sex? Dann erlebst Du eine absolute Abwesenheit jedweder Anziehung in sexueller Hinsicht und zählst zu den asexuellen Personen. Wenn Du in dieser Weise veranlagt bist, bedeutet dies aber nicht, dass Du überhaupt keinen Sex hast. Bist Du beispielsweise in einer Beziehung mit einem nicht asexuell veranlagten Partner bzw. einer Partnerin, kann es sein, dass du zur Aufrechterhaltung der partnerschaftlichen Bindung oder aufgrund eines Kinderwunsches einvernehmlichen Sex praktizierst.

WIE LEBST DU?

Du weißt jetzt ungefähr, wie Du Dich, auch mithilfe der LGBTQIA+ Community zu einer reifen Persönlichkeit entwickeln kannst und welche Formen von Sexualität und Geschlechtsidentitäten in der Regenbogen-Community vertreten sind. Wenn Du Dich einer dieser sexuellen Orientierungen zugehörig fühlst, wird sich das automatisch auch auf Deine Art zu leben auswirken. Denn als lesbisch, schwul, bisexuell oder sonst wie veranlagte Person legst Du vermutlich Wert darauf, mit Gleichgesinnten zusammenzutreffen und Deinen ganz persönlichen Lebensstil zu finden, der zu Dir und Deiner Veranlagung passt. In der LGBTQIA+ Community findest Du alle Lebensstile, die es gibt. Du wirst den gediegen und unauffällig lebenden Schwulen ebenso finden, wie die männliche, motorradfahrende Butch-Lesbe. Es gibt die schillernde Transe mit pompös-glitzernd eingerichteter Wohnung und ebenso den harten Lederkerl oder die lesbische Domina mit eigenem „Spielzimmer". Ein langjähriger Szene-Aktivist hat mal ganz richtig gesagt, dass es in der LGBTQIA+ Community nichts gibt, was es nicht gibt.

Auch in diesem Bereich darfst Du Deinen ganz eigenen, zu Dir passenden Lebensstil finden. Dazu gehört deine Kleidung ebenso, wie die Einrichtung Deiner Wohnung, dein Freundes- und Bekanntenkreis, von Dir bevorzugte Ausgehorte und alles, was das Leben eben ausmacht. Wenn es Dir gefällt, am Wochenende im Fummel durch die Stadt zu ziehen, mit Freunden in einer schwulen Bar zu feiern oder in einem Club der Community zu tanzen, dann tue es einfach. Jede Art zu leben, hat in der Community ihre Berechtigung. Es liegt an Dir, inwieweit Du in die LGBTQIA+ Szene eintauchst, ob Du Dich in irgendeiner Weise engagierst. Vielleicht genügt es Dir auch, die Community und ihre Angebote nur von Zeit zu Zeit zu nutzen und ansonsten nicht in Erscheinung zu treten. Alles ist möglich und vor allem ist alles erlaubt. Wieder gilt der Grundsatz, dass es letztlich Dein Leben ist und nur Du das Recht hast, über Deinen Lebensstil zu entscheiden.

Als Teil der LGBTQIA+ Community kannst Du auch weltweit Angebote nutzen. In vielen Ländern gibt es ganz auf die Szene zugeschnittene Urlaubsdestinationen mit Lesbian- oder Gay-Hotels bzw. Unterkünfte mit dem Prädikat „gay-friendly". Wenn es also zu Deinem Lebensstil gehört, rein schwul oder lesbisch zu verreisen, findest Du auf entsprechenden Websites wie maedels.reisen, pinktours, maenner-unterwegs oder kerle-reisen sicherlich viele gute Tipps. Zudem kann es immer interessant sein, wenn Du am Urlaubsziel eine lebendige Community findest, in der Du Dich bewegen, neue Kontakte knüpfen und den einen oder anderen schönen Abend verbringen kannst.

SCHRITT FÜR SCHRITT - INNERES UND ÄUßERES COMING-OUT

Der gesamte Prozess Deiner Beschäftigung mit der Dir innewohnenden Sexualität läuft in zwei wichtigen Schritten ab, die beide notwendig sind, damit Du Deinen Platz im Leben und auch Deinen Platz in der LGBTQIA+ Community finden kannst. Die Rede ist vom inneren und äußeren Coming-out. Diese beiden Phasen, die Du unabhängig vom Alter immer durchläufst, helfen Dir, Dich intensiv mit den sexuellen Wünschen und den damit verbundenen Gefühlen auseinanderzusetzen. Sie bereiten Dich sozusagen auf das Haifischbecken, das die Welt und auch die queere Community manchmal sein können, vor. Was passiert aber genau beim inneren und äußeren Coming-out? Die nächsten beiden Abschnitte zeigen, was in der jeweiligen Phase geschieht und was Du jeweils mitnehmen kannst.

INNERES COMING-OUT ODER DIE FÄHIGKEIT ZU SELBSTAKZEPTANZ UND SELBSTLIEBE

Beim inneren Coming-out, das auch oft als Coming-in bezeichnet wird, geht es vor allem darum, dass Dir Dein „Anderssein" bewusst wird und Du zu einer inneren Haltung gelangst, die es Dir erlaubt, die Tatsache Deiner lesbischen, schwulen oder sonst wie gearteten sexuellen Orientierung, anzunehmen und Dich selbst so zu akzeptieren, wie Du bist. Dieser Prozess der Bewusstwerdung kann einige Zeit dauern und manchmal vergehen Monate oder Jahre, bis Du bereit bist, Deine sexuelle Orientierung oder Deine Geschlechtsidentität anzunehmen.

Dieser Prozess findet vor allem im Verborgenen statt, nämlich tief in Dir. Du kannst es Dir als Kampf mit Dir selbst vorstellen. Deine sexuellen Wünsche kämpfen gegen all das, was Dir die Gesellschaft, Deine Eltern oder Deine Lehrer vermittelt haben, nämlich ein ganz bestimmtes Rollenbild. Dieses sagt Dir, was männlich und was weiblich ist. Deine Umwelt sagt Dir, was akzeptiert ist, in vielen Werbungen werden Dir glückliche Paare aus Mann und Frau gezeigt, im Supermarkt oder Buchladen gibt es Überraschungseier für Mädchen oder Bücher für Jungs. In einem solchen Umfeld ist es problematisch, bei sich selbst eine von diesen Gesellschaftsnormen abweichende sexuelle Orientierung oder Geschlechtsidentität zu akzeptieren.

Nicht wenige Kinder und Jugendliche reagieren aus Angst vor Ablehnung mit der Unterdrückung ihrer gegebenen Sexualität und versuchen zunächst, sich dem anzupassen, was ihnen von außen vermittelt wird. Ein eigentlich schwuler Jugendlicher geht

Beziehungen mit Mädchen ein, und auch die eigentlich lesbisch empfindende Jugendliche probiert, heterosexuell zu leben. Verleugnen und Verdrängen gelingen zwar, allerdings nicht für immer. Irgendwann wird der Leidensdruck so groß, dass sie entweder beginnen, sich in ihrem Sosein zu akzeptieren oder sie entwickeln im schlimmsten Fall zu Menschen, die psychologische Hilfe benötigen.

Oft berichten lesbische, schwule, bisexuelle und orientierungs-diverse Jugendliche, dass dieser Prozess der Bewusstwerdung bei Ihnen im Alter zwischen 13 und 16 Jahren begonnen hat. Hier gibt es einen Unterschied zum Beginn des inneren Coming-out von trans- und gender-diversen Jugendlichen. Bei ihnen ist die Zeitspanne, während der dieser Prozess beginnt größer. Bei ihnen kann er schon beginnen, wenn sie jünger als 10 Jahre sind, ebenso kann er erst im Alter jenseits der ersten 20 Lebensjahre einsetzen.

ÄUßERES COMING-OUT KONFRONTIERE DIE WELT MIT DIR

Hast Du es geschafft, Dich in Deinem Sosein zu akzeptieren und Dich selbst mit all den in Dir wirkenden Wünschen und Sehnsüchten zu lieben? Dann ist Dein inneres Coming-out abgeschlossen. Diese Phase ist aber lediglich ein Zwischenziel, denn nun geht es darum, Dich der Welt zu offenbaren und Dich anderen Menschen gegenüber als die Person zu erkennen zu geben, die Du bist, nämlich:

- eine lesbische Frau
- ein schwuler Mann
- jemand mit bisexueller Neigung
- ein Mensch, der äußerlich und biologisch zwar Mann oder Frau ist, sich aber als das Gegenteil empfindet
- jemand, der überhaupt kein Bedürfnis nach sexueller Aktivität mit irgendjemandem verspürt
- ein Mensch mit der Fähigkeit, über alle sexuellen Orientierungen und Geschlechtsidentitäten hinweg zu lieben
- jemand, der für sich die Zuordnung zu Mann oder Frau ablehnt

In welcher Weise und wem gegenüber Du Dich outest, bleibt vollkommen Dir selbst überlassen. Du allein entscheidest, wann Du etwas sagst und wem gegenüber Du etwas preisgibst. Wie Du bei Deinem äußeren Coming-out vorgehen wirst, hängt vor allem davon ab, wie gefestigt Du innerlich bist, welches Standing Du also hast. Manche wählen einen rigorosen Weg und outen sich mit einem lauten Knall (z. B. während einer großen Familienfeier), andere gehen behutsam vor und nutzen lieber Einzelgespräche für ihr Outing. Höre vor allem auf Dein Bauchgefühl, dann findest Du meist den richtigen Moment.

Dich vor anderen Menschen als zur LGBTQIA+ Familie gehörig zu bekennen, ruft nicht immer nur positive Reaktionen hervor. Gerade Menschen mit einer eher konservativen oder stark religiös geprägten Einstellung werden Dich vielleicht ablehnen. Lass Dich davon nicht einschüchtern. Sicher, Ablehnung oder gar Anfeindung zu erfahren, kann sehr schmerzhaft sein, vor allem dann, wenn sie Dir von Menschen entgegengebracht werden, mit denen Du eigentlich eng verbunden bist. Letztlich geht es aber um Dein Leben. Wer Dich nicht so akzeptiert, wie Du bist, der hat dich einfach nicht verdient.

Wenn Du die ersten Schritte als LGBTQIA+ in die Welt tust, wirst Du vermutlich auch schnell mit der Community, zu der Du gehörst, in Berührung kommen. Das ergibt sich fast automatisch, wenn Du beispielsweise ausgehst und Szene-Lokale besuchst. Auch das Internet ist ein immer wichtiger werdender Ort, an dem Du Kontakte zur LGBTQIA+ Community bekommst, etwa durch das Anklicken von Informations-Websites oder durch die Anmeldung bei einer der zahlreichen Dating-Apps. Die Familie, und als solches kann man die Community mit Recht bezeichnen, wird Dir also auf Schritt und Tritt begegnen.

WOZU EINE EIGENE COMMUNITY?

Wenn Du Dich fragst, wozu es denn eine eigene Community für LGBTQIA+ Menschen braucht, erinnere Dich an die Weisheit, dass Gleichgesinnte gerne zueinanderfinden. Vielleicht kann es auch ein ganz einfaches Beispiel aus dem Sport ganz gut beschreiben. Stell dir vor, du spielst gerne Handball. Dann wirst Du doch vermutlich versuchen, in einen Handballverein einzutreten, nicht aber in einen Ruderverein, oder? Genauso ist es mit der LGBTQIA+ Community. Wenn Du Dich zu einer der Geschlechtsidentitäten oder sexuellen Orientierungen zählst, wirst Du Dich unter „Deinesgleichen" vermutlich besonders wohlfühlen und als lesbische Frau oder als intersexuelle Person eher nicht einem Verein beitreten, der es sich zur Aufgabe gemacht hat, sich vor allem für die Belange heterosexueller Männer einzusetzen. Obwohl heute viele junge Schwule und Lesben nicht mehr ganz so oft rein schwul oder lesbisch ausgehen oder sich in entsprechenden Gruppen engagieren, wünschen sich viele dennoch ein Fortbestehen der Community und nutzen ihre Angebote.

WELCHE ZIELE VERFOLGT SIE?

Das Hauptziel der LGBTQIA+ Community war und ist immer noch der Kampf um die Gleichberechtigung der von ihr vertretenen Lebens- und Liebesentwürfe. Letztlich geht es ihr um die nachhaltige Verbesserung der Lebenssituationen von Lesben, Schwulen, Transsexuellen und allen zu ihr gehörenden Identitäten. Diese Ziele verfolgt sie, indem sie auf Missstände hinweist, viele verschiedene Angebote macht, für Aufklärung sorgt, Präventionsarbeit betreibt und sich für die Akzeptanz in der Gesellschaft einsetzt.

POLITISCHE ARBEIT

Dazu ist sie auch politisch aktiv, versucht durch eigene Gruppen in politischen Parteien, durch Lobbyarbeit und Vernetzung Einfluss auf politische Entscheidungen zu nehmen. Ein positives Beispiel für diese oft schwierige Arbeit im politischen Bereich ist die sogenannte „Ehe für alle", die nach jahrzehntelangen Bemühungen seit 2017 in der Bundesrepublik gesetzlich verankert ist. Falls Du also selbst Teil der LGBTQIA+ Community bist und dich zusätzlich in einer politischen Partei engagierst, kannst Du Dich z. B. der queeren Gruppe Deiner Partei anschließen und so die Anliegen der Community unterstützen.

DIE LGBTQIA+ COMMUNITY IN DER WIRTSCHAFT

Ein Bereich, in dem sich die Community sehr stark für die Belange ihrer Angehörigen einsetzt, ist der Bereich der Arbeit. In zahlreichen Unternehmen wurden Lesben, Schwule und Transgender in vergangenen Zeiten aufgrund ihrer sexuellen Orientierung oder ihrer Geschlechtsidentität massiv diskriminiert. Auch heute noch sind zwei Drittel aller Arbeitnehmer und Arbeitnehmerinnen am Arbeitsplatz nicht geoutet. Grund hierfür sind, zum großen Teil gerechtfertigte, Ängste vor Benachteiligung, Mobbing, sexueller Belästigung oder sogar physischer Gewalt. Hast Du selbst so etwas vielleicht schon erlebt? Dann kann Dir beispielsweise eine Beratungsstelle der LGBTQIA+ Community wichtige Tipps geben, wie Du Dich in solchen Situationen verhalten solltest und was Du gegen solche Diskriminierungen vorgehen kannst.

LGBTQIA+ COMMUNITY UND GESUNDHEIT

Ein wichtiges Arbeitsfeld der LGBTQIA+ Community ist die Gesundheitsförderung bzw. Präventionsarbeit in der schwullesbisch-transgender-Szene. Hier ist die Community vor allem durch die bundeweit agierende Aidshilfe vertreten. HIV und Aids galten ja lange Zeit als „Schwulenkrankheit", weshalb hauptsächlich die Gay-Community in der Verantwortung stand, etwas zu tun. Daraus entwickelten sich die Deutsche Aidshilfe mit ihren Ablegern in allen Bundesländern. Heute befasst sich die Community nicht mehr ausschließlich mit dem ehemals zentralen Thema HIV, sondern auch mit anderen sexuell übertragbaren Krankheiten sowie weiteren Themenfeldern. Wichtiger Bestandteil dieser Arbeit sind Testangebote, die oft in Kooperation mit den Gesundheitsämtern angeboten und durchgeführt werden. Hier leistet die Community vor allem durch Präventions- und Aufklärungsarbeit wertvolle Dienste.

Es sind aber auch neue Themen wie etwa Chemsex dazugekommen. Einen großen Teil der Arbeit nimmt die Beratung ein. Eine Herausforderung ist die Beratung von Geflüchteten. Hier arbeiten die Aidshilfen eng mit Beratungsstellen der lesbischen, schwulen und für transsexuelle Menschen zuständigen Szenevereinen zusammen. Zudem erstellen die Aidshilfen eine große Anzahl von Informationsschriften zu den einzelnen Themen. Du siehst also, wie breit die Front ist, an der die LGBTQIA+ Community sich für die Belange der zu ihr gehörenden Menschen engagiert.

VORTEILE EINER COMMUNITY

Obwohl viele der Meinung sind, dass eine eigene LGBTQIA+ Community aufgrund der immer aufgeklärteren und offenen

Gesellschaft nicht mehr zwingen notwendig ist, kann Dir die Community viele Vorteile bringen, die Du ohne sie nicht hättest.

SCHUTZRAUMFUNKTION DER LGBTQIA+ COMMUNITY

Zugegeben, die Zeiten, in denen Du Dich als Lesbe, Schwuler oder transsexueller Mensch in Lokalitäten mit verdunkelten Scheiben und einer Klingel an der Eingangstür treffen musstet, sind vorbei. Seit 1994 der bis dahin geltende § 175 abgeschafft wurde, begehst Du auch keine Straftat mehr, wenn Du gleichgeschlechtliche sexuelle Handlungen vollziehst. Trotzdem ist die Gesellschaft, in deren Mitte die LGBTQIA+ Community ja angeblich inzwischen angekommen sein soll, nicht immer eine Gesellschaft, in der Du vor Diskriminierung jeder Art sicher bist. Gerade mit dem Erstarken populistischer Parteien und nationalistischer Strömungen in der Gesellschaft hat sich die Situation für LGBTQIA+ erneut sichtbar verschärft. Es gibt wieder mehr Anfeindungen und auch gewalttätige Übergriffe. Aus diesem Grund braucht es weiterhin Schutzräume, in denen sich Lesben, Schwule und alle zur Community gehörenden oder mit ihr sympathisierenden Menschen angstfrei treffen können. Solche Schutzräume bietet die LGBTQIA+ Community durch ihre lesbischen, schwulen oder queeren Zentren, ihre Szenevereine und die zahlreichen, zur Szene gehörenden Clubs, Bars und sonstigen Lokale.

LGBTQIA+ BERATUNG - ANLAUFSTELLEN IN KRISENSITUATIONEN

Ebenfalls ein großer Vorteil sind die vielen, auf einzelne Personengruppen der Community spezialisierten Beratungsangebote. Gerade am Beginn, wenn Du Deine sexuelle Orientierung oder Geschlechtsidentität entdeckst, kann das eine sehr schwierige Zeit sein. In dieser ist eine entsprechende Beratung sinnvoll, weil sie Dir helfen kann, überhaupt zu verstehen, was gerade bei Dir geschieht. Auch bei Beziehungsproblemen, rechtlichen Fragen oder sonstigen relevanten Fragestellungen kannst Du dir bei den Beratungsstellen der Community bzw. bei ehrenamtlich tätigen Rechtsanwälten, Pädagogen oder sonstigen Experten Hilfe holen.

Leider gibt es in Sachen Beratung immer noch ein starkes Stadt-Land-Gefälle. Vor allem für Jugendliche aus ländlichen Regionen kann der Kontakt zu einer entsprechenden Anlaufstelle kompliziert sein, da sich die meisten dieser Stellen in den Großstädten befinden.

COMMUNITY-EIGENE FREIZEITANGEBOTE FÜR LGBTQIA+

Vor allem in den großen Metropolen gibt es eine lebendige und breit aufgestellte LGBTQIA+ Community. Daraus resultiert natürlich auch ein großes Angebot an unterschiedlichsten Freizeitangeboten für Lesben, Schwule, Transgender und alle anderen Zugehörigen. Das reicht von den schon erwähnten Szene-Kneipen bis hin zu queeren Sportvereinen, schwulen oder lesbischen Chören oder auch speziellen Gruppen für alle möglichen sexuellen Vorlieben und Fetische. Selbst beim Thema Urlaub hast Du die Möglichkeit, dich weltweit in Hotels einzuquartieren, die entweder auf Gäste der Community spezialisiert sind oder zumindest Wert darauf legen szenefreundlich zu sein. Die ganz auf die Klientel der Community fokussierten Hotels werden sehr häufig sogar von Mitgliedern der LGBTQIA+ Community betrieben oder zumindest geführt.

ZUSAMMENARBEIT MACHT STARK

Was die LGBTQIA+ Community immer wieder auszeichnet, ist die gute Zusammenarbeit der vielen einzelnen Vereine und Institutionen. Gerade bei großen Projekten erweist sich die gute Vernetzung und das Verfolgen gleicher Ziele als riesiger Vorteil. Positive Beispiele können hier die jährlich stattfindenden CSD's sein oder auch die immer häufiger von Lesben und Schwulen gemeinsam entwickelten Beratungs- und Fortbildungsprojekte. Zwei Beispiele aus der Praxis können Dir zeigen, wie sich eine gute Zusammenarbeit vorteilhaft auswirken kann.

In München gibt es beispielsweise seit einigen Jahren einen sehr erfolgreichen, von Lesben und Schwulen gemeinsam organisierten und personell ausgestatteten Deutsch-Konversationskurs für alle, die mit lesbischen, schwulen, transidenten, bi- und intersexuellen

MigrantInnen und Geflüchteten in Kontakt kommen möchten. Ziel des Kurses ist es, besser Deutsch sprechen zu lernen und dabei auch noch Spaß zu haben. Neben diesem Angebot steht auch ein klassischer Deutschkurs für Geflüchtete ohne Vorkenntnisse zur Verfügung. Er ist kostenlos und findet, wie der Deutsch-Konversationskurs auch, zweimal wöchentlich statt.

Ein weiteres Vorzeigeprojekt, an dem sich die Vorteile einer gut funktionierenden Zusammenarbeit ablesen lassen, ist der Lebensort Vielfalt in Berlin. Dabei handelt es sich um ein Wohnprojekt für jüngere und ältere Lesben und Schwule. Integriert wurde auch eine Wohngemeinschaft, in der pflegebedürftige oder demenzkranke schwule Männer rund um die Uhr von einem Pflegedienst betreut werden. Inzwischen ist ein dritter Lebensort Vielfalt geplant in dem Platz für 17 ältere Lesben, 30 schwule Senioren und 7 Trans+Intermenschen sein soll. Außerdem soll es eine Pflegewohngemeinschaft mit 8 Plätzen geben und darüber hinaus 11 Plätze für Jüngere Angehörige der Community. Zudem soll es ein Kiezzentrum, eine Gastronomie, ein LGBTQIA+ Pflegestützpunkt, eine Beschäftigungs- sowie Kindertagesstätte geben. Auch verschiedene Gemeinschafts-, Beratungs-, Gruppen- und Büroräume sind geplant. So kann und muss Zusammenarbeit in der LGBTQIA+ Community aussehen.

WANN WIRD COMMUNITY ZUR LAST?

Die LGBTQIA+ Community hat selbstverständlich nicht nur Vorteile zu bieten, sondern kann tatsächlich auch zu einer Last für ihre Mitglieder werden. Dies ist vor allem überall dort der Fall, wo sie selbst diskriminiert. Du hast richtig gehört, auch eine Community, die sich den Kampf gegen Diskriminierung auf die Fahnen geschrieben hat, ist in der Lage, Menschen zu diskriminieren. Um dies zu erleben, musst Du nur auf schwulen oder lesbischen Dating-Apps nachschauen.

LESBISCHES UND SCHWULES IDEALBILD – WER NICHT DER NORM ENTSPRICHT, HAT PROBLEME

Bei den Lesben sind es hauptsächlich Frauen mit bisexuellen Neigungen und die sogenannten Butch-Lesben, die unter Anfeindungen aus den eigenen Reihen zu leiden haben. Wenn Du als bisexuelle Frau deinen Platz in der Lesben-Community suchst, wirst Du oft nicht als echte Lesbe akzeptiert. Das gleiche gilt für Butches, also sehr männlich wirkende und auftretende Frauen. Ihnen wird allzu oft der Stempel aufgedrückt, dass sie nicht fraulich genug seien. Aber auch hyperfeminin wirkende Lesben haben es schwer, denn sie entsprechen ebenfalls nicht dem in der Lesbenszene gültigen Idealtypus.

Nicht nur Lesben haben mit Diskriminierung innerhalb der Community zu kämpfen, sondern auch schwule oder bisexuelle Männer. Leider muss man festhalten, dass das Ausmaß der „internen" Diskriminierung in der immer noch von einer weißen Mehrheit gebildeten Gay-Community wesentlich schlimmer ist, als bei den Lesben. Wenn Du als schwuler Mann bestimmte Kriterien erfüllst bzw. nicht erfüllst, stehst du in der schwulen Community schnell am Rand. Liest Du auf schwulen Dating-Apps die Profile durch, so wirst Du schnell erkennen, was mit Diskriminierung schwuler Männer durch schwule Männer gemeint ist. Da ist dann zu lesen:

- Keine Femininen (no Fems)
- Keine Alten (na Dads)
- Keine Dicken (no Fats)
- Keine Asiaten (no Asians)
- Keine Farbigen (no Blacks)

Diese Community-interne Abwertung bzw. Ablehnung von schwulen Männern hängt stark mit dem leider immer noch allgemein akzeptierten Idealbild eines schwulen Mannes zusammen. Als solcher hat man nicht nur groß und muskulös zu sein, sondern muss vor allem auch weiß sein. Oft erwarten die Suchenden auf diesen Apps, dass sich nur Leute melden, die „heterolike" sind. Was für ein Paradox.

SONDERFALL TRANSPERSONEN

Eine Gruppe, die es in der schwulen und auch lesbischen Community besonders schwer hat, sind Transpersonen. Zwar wird in den Dating-Apps häufiger nach Transgendern gesucht, dies ist aber meist der Neugier geschuldet und weniger der Akzeptanz. Trans-Personen werden von der Community noch sehr oft nicht als richtige Frauen oder richtige Männer wahrgenommen oder gar akzeptiert. Immer wieder ist auch zu hören, sie würden gar nicht zur LGBTQIA+ Community gehören, weil es in ihrem Fall nicht um eine sexuelle Orientierung geht, sondern um die Geschlechtsidentität. Dies hat vermutlich damit zu tun, dass sich viele Transmänner und Transfrauen nicht als schwul oder lesbisch bezeichnen, sondern sich zu den heterosexuellen Menschen zählen.

INTERNER STREIT ALS BELASTUNGSPROBE

Neben der Diskriminierung innerhalb der Community kann diese selbst auch dann zu einer Last werden, wenn sich wichtige Entscheidungsträger nicht einig sind und mehr gegeneinander arbeiten als Hand in Hand. Ein Beispiel hierfür kann der CSD sein, also der jährlich stattfindende Christopher Street Day mit seinem Demonstrationszug und den Veranstaltungen in der sogenannten Pride Week. In Berlin gab es in der Vergangenheit vor allem große Differenzen zwischen den Entscheidern des veranstaltenden Vereins und einzelner Community-Mitglieder. Ursache war eine geplante Umbenennung des CSD in Stonewall Parade Diese Differenzen führten dazu, dass 2014 zwei miteinander in Konkurrenz stehende CSDs stattfanden. Durch solche Querelen, die von wichtigen Persönlichkeiten verursacht werden, sind eine Belastung für die Community insgesamt und auch für alle, die sich mit der LGBTQIA+ Community identifizieren. Letztlich schwächt sie sich durch solche Differenzen immer selbst.

LESBISCH-SCHWULE DIFFERENZEN

Gerade zwischen Lesben und Schwulen in der Community scheint eine unsichtbare, aber durchaus spürbare Konkurrenz zu bestehen. Ursache hierfür ist die heute häufig diskutierte „Unsichtbarkeit von lesbischem Leben" in den Medien und der Öffentlichkeit als solcher. Tatsächlich haben die Medien einen Hang dazu, vor allem die Schwulen in den Blick zu nehmen. Ausdruck dafür sind Begriffe wie „Schwulen- oder Homo-Ehe", „Schwulen- oder Gay-Parade" oder ähnliche Bezeichnungen, bei denen sich vor allem schwule Männer, aber nur wenige lesbische Frauen angesprochen oder gar mitgenommen fühlen. Auch beim Thema Pflege wurde zumindest bisher stets vor allem über die Bedürfnisse schwuler Senioren gesprochen und kaum über lesbische Seniorinnen. Auch die Erinnerungskultur ist ein großer Streitpunkt, vor allem der Umgang mit den Lesben im Hinblick auf das Denkmal für die ermordeten Homosexuellen der NS-Zeit. Hier fand eine vollkommene Nichtberücksichtigung der Lesben statt, denn der damalige Beschluss des Bundestags besagte ursprünglich, dass dieses Denkmal ein „beständiges Zeichen gegen Intoleranz, Feindseligkeit und Ausgrenzung gegenüber Schwulen und Lesben" sein sollte. Auch personelle Entscheidungen bei erinnerungspolitisch wichtigen Posten hat in der Vergangenheit zu Spannungen geführt.

FAKTOR GELD – FÖRDERTÖPFE UND DIE LGBTQIA+ COMMUNITY

Ein altes Sprichwort besagt, dass bei Geld die Freundschaft aufhört. Das scheint auch in der LGBTQIA+ Community zu gelten. Grund dafür ist, dass es innerhalb der großen queeren Community natürlich viele einzelne Vereine gibt. Von diesen werden die meisten vom Staat, vom Bundesland oder der Kommune gefördert. Das bedeutet, sie erhalten Geld und leisten dafür im Gegenzug ihre Arbeit für die Community. Diese Tatsache führt leider auch zu Reibereien zwischen den Vereinen und Institutionen, weil jeder etwas vom Kuchen abhaben möchte. Da kann es leicht zu Neid kommen. Immer wieder gibt es Grabenkämpfe, jeder Verein versucht, neue Angebote zu schaffen und dafür Geld von der öffentlichen Hand zu erhalten. Solches Konkurrenzdenken bindet natürlich Ressourcen auf allen Seiten, was wiederum zu Beeinträchtigungen bei der wichtigen Arbeit führen kann. Hier heißt es, sich zusammenzusetzen und gemeinsam zu agieren. Bevor jeder Verein sein eigenes Projekt ins Leben ruft, ist es vielleicht sinnvoller, aus vielen kleinen Projektideen eine große zu machen und sich damit an die Geldgeber zu wenden.

LGBTQIA+ COMMUNITY – LICHT UND SCHATTEN

Du siehst, dass die Community so vielfältig und bunt ist, wie der sie repräsentierende Regenbogen. Aus der Situation der Diskriminierung heraus entstanden, hat sich die LGBTQIA+ Community zu einem weltweit verbundenen Netzwerk großer, kleiner und kleinster Vereine und Institutionen entwickelt, das großen Einfluss besitzt und diesen nutzt, um für die Gleichberechtigung seiner Mitglieder zu kämpfen und die Gesellschaft zu mehr Akzeptanz zu motivieren. Vieles hat sich bereits zum Besseren verändert. Aber auf diesen schon erzielten Erfolgen darf sich die Community nicht ausruhen. An vielen Orten flammen Hass und Gewalt gegen LGBTQIA+ Menschen wieder auf, deshalb bleibt die Community notwendig und ist vielleicht wichtiger denn je.

BUNT, FORDERND, VIELFÄLTIG – LGBTQIA+ COMMUNITY ALS ABBILD DER GESELLSCHAFT

Laut Schätzungen der DSW (Deutsche Stiftung Weltbevölkerung) leben momentan mehr als 7,7 Milliarden Menschen auf der Erde. Das bedeutet, dass es 7,7 Milliarden verschiedene Persönlichkeiten mit je eigenen Lebensgeschichten und Lebensentwürfen gibt. In Deutschland leben im Augenblick circa 81,5 Millionen Menschen und damit ebenso viele unterschiedliche Menschen mit ihren eigenen Wünschen, Zielen, Ängsten und Hoffnungen.

Wenn Du Dich fragst, was das mit der LGBTQIA+ Community zu tun hat, lautet die Antwort: Alles! Fühlst Du Dich ihr zugehörig, bist lesbisch, schwul, bisexuell, pan- oder polysexuell bzw. siehst Dich als non-binär, transident oder transsexuell, dann bist Du Teil einer außerordentlich vielfältigen Gemeinschaft. Denn die Community ist keine homogene Gruppe, ganz im Gegenteil. Im Verlauf dieses Buches wirst Du sehen, wie bunt, verschieden und in weiten Teilen ausdifferenziert die LGBTQIA+ Community ist.

ALLE LGBTQIA+ LEBENSENTWÜRFE SIND WILLKOMMEN

Ein Blick in die zahlreichen Szene-Lokale, Bars und Clubs oder ein Besuch in einer der kaum zu überblickenden Gruppen der Szene zeigt, dass es nichts gibt, was es nicht gibt. Tauchst Du in die Community ein, triffst du schwule Prinzen und Prinzessinnen, Hardcore-Feministinnen, Tunten, Drags, Butch-Lesben, Machos, feminine Schwule, emanzipierte und ängstliche Lesben, selbstbewusste Transmänner und ihren Weg noch suchende Transfrauen oder umgekehrt. Du bekommst Kontakt zu Leuten mit den unterschiedlichsten Fetischen, lernst Lederkerle ebenso kennen, wie Freunde von Latex, Windeln oder mit sonstigen Vorlieben. Dir werden lesbische und schwule Paare oder Singles mit Kinderwunsch begegnen, schwule und bisexuelle Väter und Ehemänner, depressive und alkoholkranke Lesben oder Schwule. Außerdem triffst Du in der LGBTQIA+ Community fast jede Nationalität, die es gibt. Die große Stärke der Community ist, dass jede einzelne Persönlichkeit ihre Berechtigung hat und einen Platz findet. Zugegeben, auch innerhalb der der LGBTQIA+ Familie gibt es Diskriminierung und so manches Mal wünschte man sich, es gäbe den einen Intoleranten oder die andere Überhebliche nicht. Insgesamt aber ist für jede einzelne Persönlichkeit Platz im großen regenbogenfarbenen Haus der LGBTQIA+ Community.

DIFFERENZIERUNG ALS VOR- UND NACHTEIL

Aus dieser Vielfalt heraus entsteht irgendwann ganz automatisch eine immer weitergehende Ausdifferenzierung, weil sich früher oder später Leute mit den gleichen Interessen und Vorlieben zusammenfinden. Diese gründen dann eine eigene Gruppe oder einen speziellen Verein bzw. initiieren eigene Projekte. So entstehen immer neue Treffpunkte und Anlaufstellen. Genau auf diese Weise sind aus den ersten kleinen Lesben- und Schwulengruppen irgendwann queere Jugendzentren, lesbische und schwule Chöre, Gruppen für ältere LGBTQIA+, Verbände für schwule und lesbische JournalistInnnen, Polizeibedienstete oder Führungskräfte sowie Netzwerke wie Lambda oder andere entstanden. Gerade dieses breit gefächerte, sehr differenzierte Angebot ist für viele queere Menschen attraktiv.

GEMEINSAM ZIELE ERREICHEN – TROTZ VERSCHIEDENHEIT

Trotz der vielen kleinen Gruppen mit je eigenen Interessen und Projekten hat sich gezeigt, dass die Community nie ihre Fähigkeit bzw. ihren Willen verloren hat, bei Bedarf gemeinsam zu handeln. Das zeigt sich bei der Organisation der jährlich stattfindenden CSDs ebenso, wie bei der Umsetzung großer Projekte, z. B. kostenintensiver Wohnprojekte. Auch beim Kampf um die Gleichbehandlung und Akzeptanz rückt die LGBTQIA+ Community eng zusammen und versteht es, trotz ihrer Größe und Einzelinteressen mit einer Stimme zu sprechen. Lesben und Schwule mögen früher (oder auch noch heute) nicht viel voneinander gehalten und in ihrer je eigenen Welt gelebt haben oder immer noch leben. Sie sind auch heute noch oft nicht einer Meinung. Wenn es aber darum geht, eine Front gegen Diskriminierung und Intoleranz zu bilden, stehen sie Seite an Seite, vereidigen die Errungenschaften der Generationen vor ihnen und setzen sich für eine weitere Verbesserung der Lebenssituation von LGBTQIA+ ein. Das gleiche gilt übrigens für die unterschiedlichen Transgender-Gruppen. Der Kampf um mehr Anerkennung, Entstigmatisierung, Selbstbestimmung eint sie und so kämpfen sie beispielsweise zusammen für die Überarbeitung des Transsexuellengesetzes.

GRABENKÄMPFE GEHÖREN ZUR COMMUNITY

Das, was die LGBTQIA+ Community auszeichnet, ist mitunter auch ihre Schwachstelle. Wo viele verschiedene Menschen aufeinandertreffen, da gibt es auch unterschiedliche Auffassungen, Wünsche und Ziele. Dies gilt nicht nur für die Gesellschaft insgesamt, sondern auch für die Community, die ja sozusagen die Gesellschaft abbildet, nur eben in kleinerem Maßstab. Es ist also nicht ungewöhnlich, dass es hier und da zu Differenzen kommt, dass es ein Ziel, aber verschiedene Wege dorthin gibt. Wichtig ist es, sich auf sachlicher Ebene auseinanderzusetzen und letztlich wieder zueinanderzufinden. Bisher ist das der Community immer gelungen und gerade in einer Zeit, in der die Anfeindungen wieder zunehmen, wäre es fatal, sich in internen Kämpfen zu ergehen, während die um die Community herum neu entstehenden Probleme unbeachtet bleiben.

Wie breit gefächert die deutsche Community heute ist, zeigt Dir der folgende Abschnitt. Er beleuchtet die verschiedenen Arbeitsfelder, auf denen die Community tätig ist und gibt Dir einen Einblick in das, was die LGBTQIA+ Community ist und was sie genau tut.

COMMUNITY IM WANDEL

Jede Gesellschaft ist einem ständigen Wandel unterworfen. Sie verändert sich durch politische Gegebenheiten, neue Erkenntnisse aus der Wissenschaft, aufgrund von äußeren oder inneren Ereignissen, durch große Umweltkatastrophen oder besonders berührende Einzelschicksale. Auch Gruppen wandeln sich mit der Zeit. Sie wachsen und schrumpfen, verändern ihre Strukturen und Ziele, definieren sich teilweise oder gänzlich neu. Was weder Gesellschaft noch Gruppe auf Dauer verkraften, ist Stillstand. Es heißt, wer nicht mit der Zeit geht, der geht mit der Zeit. Wer sich also nicht verändert, bleibt irgendwann auf der Strecke.

VERÄNDERTE BEDINGUNGEN, NEUE COMMUNITY

Das gilt auch für die LGBTQIA+ Community. Nur, wenn es ihr gelingt, die Zeichen der Zeit zu erkennen und für sich zu deuten, wird sie die richtigen Schlüsse ziehen und sich in die Richtung entwickeln, in der sie weiterhin nützlich bleibt. Ein Beispiel innerhalb der LGBTQIA+ Community ist das Thema HIV/Aids. Diese Erkrankung hat durch enorme medizinische Fortschritte zumindest einen Teil ihres Schreckens verloren. Lag früher der Fokus der Aidshilfe einzig auf diesem Thema, so konnte bzw. musste sie neue Arbeitsfelder für sich erschließen. Das hat sie mit der Initiierung neuer Projekte geschafft, berät heute nicht mehr nur zu HIV, sondern z. B. auch zu anderen sexuell übertragbaren Krankheiten, betreibt Wohngruppen, ist in der Trans*- und Inter*-Beratung tätig, arbeitet im Rahmen der Gesundheitsvorsorge mit Gefangenen und kümmert sich um die Belange älterer LGBTQIA+.

ÖFFNUNG FÜHRT ZU VERÄNDERUNG

Auch die LGBTQIA+ Zentren haben beispielsweise umgedacht und ihr Angebot verändert und erweitert. Wo früher jeweils nur Lesben oder Schwule Zugang hatten, da finden heute gemeinsame Veranstaltungen statt, man besucht sich gegenseitig und es werden gemeinsame Projekte bewältigt. In den meisten Zentren treffen sich also nicht mehr nur die ursprünglichen Zielgruppen, sondern es ist zu einer Öffnung gekommen, die der gesamten Szene guttut und nach außen verdeutlicht, dass man zusammengehört. Natürlich braucht es immer noch gruppenspezifische Schutzräume, aber heute können Zentren nur überleben, wenn sie bereit sind neue Wege zu gehen und sich auf neue Themenfelder einzulassen. Hier darf man sich nicht von älteren Lesben oder Schwulen irritieren lassen, die die guten alten Zeiten heroisieren. Sie haben lange in einem anderen gesellschaftlichen Umfeld gelebt und tun sich verständlicherweise schwer damit, dass in „ihrem" Zentrum plötzlich Leute aus anderen Teilen der Community auftauchen. Sich an solche Veränderungen zu gewöhnen, braucht Zeit, erfordert aber auch ein gewisses Maß an Offenheit.

VERÄNDERUNG DURCH GENTRIFIZIERUNG

Ein Phänomen, das die LGBTQIA+ Community in gehörigem Maß zur Veränderung zwingt, ist die sogenannte Gentrifizierung. Darunter versteht man einen sozialökonomischen Strukturwandel in Wohnvierteln großer Metropolen. Die Community ist von einer solchen Yuppisierung (wie die Gentrifizierung auch gerne genannt wird) immer dann betroffen, wenn ihre Institutionen und Einrichtungen in solchen Stadtvierteln beheimatet sind. In München beispielsweise war das Glockenbachviertel rund um die Müllerstraße über viele Jahrzehnte der Place to be für Lesben und Schwule. Als immer mehr Wohnhäuser modernisiert und luxussaniert wurden, konnten sich die bis dahin ansässigen LGBTQIA+ die Mieten nicht mehr leisten und waren gezwungen, umzuziehen. Die Anwohnerstruktur veränderte sich, die Szene-Lokale hatten mit sinkenden Gästezahlen und gleichzeitig steigenden Mieten zu kämpfen. Von den ehemals etwa 60 Bars, Kneipen, Clubs und Restaurants rund um Müllerstraße und Hans-Sachs-Straße gibt es heute keine zwei Hände voll mehr. Auf eine solche Veränderung muss die Community reagieren. Manche öffnen ihr früher nur für schwules oder lesbisches Publikum zugängliche Lokal auch für Hetero-Publikum, andere verändern ihr Angebot an Essen und Trinken wieder andere bieten kleine Shows an. Auch hier gilt also die Devise, sich neu zu erfinden oder unterzugehen.

NEUE PARTYPEOPLE IM IN-VIERTEL

Wenn sich ein Stadtviertel durch Gentrifizierung verändert und zu einem angesagten In-Viertel wird, zieht es durch sich neu ansiedelnde Gastronomie neues Feierpublikum an. An den Wochenenden ist die LGBTQIA+ Community nicht mehr unter sich, sondern muss sich den Raum mit feierwütigen Heterosexuellen teilen. Wenn diese dann noch aus ländlichen traditionsreichen Regionen anreisen und mehr Alkohol konsumieren, als sie vertragen, kann es beim Anblick zweier händchenhaltenden bzw. küssenden Männern oder Frauen schnell zu Anfeindungen kommen. Neue Partypeople mit wenig Kenntnissen zu und Berührungspunkten mit homosexuellen Lebens- und Liebensformen sorgen leider immer wieder für sehr unschöne und zum teil gefährliche Situationen in ehemaligen „Schutzräumen" der lesbisch-schwulen und trans*-Community.

HETERO-GASTRONOMIE ZUNEHMEND QUEER-FRIENDLY

Nicht nur die LGBTQIA+ Community hat sich in den letzten Jahren verändert, sondern auch die Gastronomie außerhalb der Szene. Immer mehr Clubs und Bars verstehen sich nicht mehr ausschließlich als Anlaufpunkt für heterosexuelles Publikum, sondern versuchen, auch lesbische oder schwule Klientel anzusprechen. Seit einiger Zeit ist es Trend, am Eingang ein Regenbogenschild mit dem Wort „Willkommen" in unterschiedlichen Sprachen bzw. ein Schild mit der Aufschrift „gay-friendly" oder „queer-friendly" gut sichtbar zu platzieren. Das sollte nicht nur eine Einladung an die entsprechenden Gäste sein, sondern auch dem bis dahin meist heterosexuellen Publikum signalisieren, dass der Bertreiber stärker auf Diskriminierung und Anfeindung achtete und bei homo- oder transphoben Vorfällen entsprechend reagierte. Sogar in entsprechenden Urlaubs- oder Hotelsuchmaschinen kannst Du explizit nach Lokalitäten suchen, die mit dem Prädikat gay-friendly" ausgezeichnet sind. Diese neue Offenheit in der ehemals rein heterosexuellen Gastronomie ist ein wichtiger Grund für das sich verändernde Ausgehverhalten junger LGBTQIA+. Viele von ihnen haben die Zeit der Verfolgung und Ausgrenzung in den 1970er und 1980er Jahren nicht mehr miterlebt und haben bei ihrem Outing nicht mehr so große Schwierigkeiten, wie dies früher der Fall war. Die jüngere Generation ist mit größerer Selbstverständlichkeit lesbisch, schwul, bi oder in sonst einer Weise anders als die Norm und präsentiert sich heute sehr viel selbstbewusster. Diese Öffnung der Gastronomie für neues Publikum ist einerseits gut für die Partypeople aus der LGBTQIA+ Community, andererseits schlecht für die Gastronomie der Szene, denn ihr gehen Gäste und damit Einnahmen verloren.

WO DIE LGBTQIA+ COMMUNITY IN GESELLSCHAFT UND POLITIK AKTIV IST

Die LGBTQIA+ Community ist nicht einfach ein Verein zum Wohlfühlen und Kontakte knüpfen. Sie ist viel mehr und ihre Aktivitäten erstreckt sich auf die unterschiedlichsten Bereiche des Lebens. Der Ausgangspunkt für alles, was die Community tut und leistet, ist der Wunsch, die Lebenssituation derer, die zur Community gehören, zu verbessern und in allen Gesellschaftsbereichen für mehr Akzeptanz zu werben. Um diese Ziele zu verwirklichen, wurden in den letzten Jahrzehnten große Anstrengungen unternommen. Es gelungen, Zugang zu gesellschaftlich relevanten Institutionen, Behörden, religiösen Gemeinschaften, Sportverbänden, Unternehmen und politischen Parteien zu erhalten, dort wiederum Netzwerke aufzubauen und diese zum Erreichen der genannten Ziele zu nutzen. Heute können die Interessen der LGBTQIA+ Community in allen gesellschaftlichen Bereichen vertreten werden. Dafür haben die AktivistInnen zum Teil große persönliche Opfer gebracht. Vor allem durch ihren unermüdlichen Einsatz konnte ein ungemein weit gespanntes Netzwerk entstehen, von dem auch Du als LGBTQIA+ profitieren kannst.

QUEERE ZENTREN ALS FIXPUNKTE DER LGBTQIA+ COMMUNITY IN DEUTSCHLAND

Unbestritten einer der wichtigsten Dreh- und Angelpunkte der deutschen LGBTQIA+ Community sind die schwulen, lesbischen oder queeren Zentren. Sie bilden sozusagen die Mitte des Netzwerks, um die herum sich alle anderen, zur Szene gehörenden Einrichtungen, Vereine und Institutionen ansiedeln. Ein solches Zentrum gibt es in nahezu allen großen und größeren Städten der Bundesrepublik, auch in den sogenannten neuen Bundesländern. Damit Du siehst, wie zahlreich diese Anlaufstellen sind, folgt eine Liste mit den wichtigsten bzw. größten Zentren:

- Baden-Württemberg: Weissenburg e. V. (http://www.zentrum-weissenburg.de)
- Bayern: Fliederlich e. V. (www.fliederlich.de), LeTRa (www.letra.de), Sub e. V. (www.subonline.org)
- Berlin: Lesbenberatung Berlin e. V. (www.lesbenberatung-berlin.de), Schwulenberatung Berlin e. V. (www.schwulenberatungberlin.de)
- Bremen: RAT & TAT – Zentrum für queeres Leben (www.ratundtat-bremen.de)
- Hamburg: Magnus-Hirschfeld-Centrum (www.mhc-hh.de)
- Hessen: vielbunt e. V. (www.vielbunt.org)
- Mecklenburg-Vorpommern: Schwulen- und Lesbenzentrum SCHuLZ e. V. (www.schulz-wismar.de)
- Niedersachsen: Andersraum Hannover (www.andersraum.de), Onkel Emma Braunschweig (www.onkel-emma.org)

- Nordrhein-Westfalen: anyway (www.anyway-koeln.de), rubicon (www.rubicon-koeln), KCM - Kommunikations Centrum Münsterland e. V. (www.kcm-muenster.de), Rosa Strippe e. V. Bochum (www.rosastrippe.de)
- Rheinland-Pfalz: Bar jeder Sicht (www.sichtbar-mainz.de)
- Sachsen: different people e. V. Kommunikations- und Beratungszentrum (www.different-people.de), RosaLinde Leipzig e. V. (www.rosalinde-leipzig.de)
- Sachsen-Anhalt: Begegnungs- und Beratungszentrum lebensart e. V. (www.bbz-lebensart.de)
- Schleswig-Holstein: HAKI e. V. Zentrum (www.haki-sh.de)
- Thüringen: QueerWeg e V. (www.queerweg.de)

Die hier genannten Zentren sind ein wichtiger, aber lediglich kleiner Teil an Institutionen, Einrichtungen und Vereinen, die sich um die Belange der LGBTQIA+ Community kümmern. Es gibt viele weitere Anlaufstellen, die zum Teil ein gruppenspezifisches Angebot machen, z. B. für queere Jugendliche, MigrantInnen, Studierende und viele andere. Die speziell für Jugendliche geeigneten Zentren und Anlaufstellen stellen wir Dir später noch vor.

Neben den Community-Zentren gibt es auch verschiedene Einrichtungen, die sich der Fortbildungs- und Aufklärungsarbeit für LGBTQIA+ verschrieben haben. Die wohl bekannteste Einrichtung dieser Art ist die Akademie Waldschlösschen in der Nähe von Göttingen (Link siehe unter Punkt 12). Durch dieses seit 1981 existierende Haus sind bereits mehrere Generationen von LGBTQIA+ gegangen und haben sich in Bereichen wie gesellschaftliches Engagement, Gesundheit, Selbsthilfe, Lebensgestaltung, Wissenschaft, Kunst oder Weiterbildung im beruflichen Kontext weitergebildet.

BERATUNGSSTELLEN FÜR LGBTQIA+

Eine der wichtigsten Dienst, die die Community leisten kann, ist die Beratung von Menschen mit lesbischen, schwulen, bisexuellen oder sonstigen, von der sogenannten Norm abweichenden sexuellen

Orientierungen sowie Menschen mit einer abweichenden Geschlechtsidentität. Dazu wurden Beratungsstellen geschaffen, die meist psycho-soziale Beratungsdienste anbieten. Eine solche Beratung wird entweder von fest angestellten Sozialpädagogen, Sozialarbeitern oder Psychologen durchgeführt, in manchen Vereinen gibt es aber auch eine Beratung von ehrenamtlich Beratenden.

ANTIGEWALTPROJEKTE DER COMMUNITY

Auch LGBTQIA+ Personen erfahren Gewalt, in der Beziehung, im Familienkreis, im Berufsleben und im alltäglichen Leben. Wenn Du selbst schon einmal in irgendeiner Form trans*-, queer- oder homophobe Gewalt erlebt hast, weißt Du, wie belastend eine solche Erfahrung mitunter sein kann und wie lange sie nachwirkt. Leider ist Gewalt gegen LGBTQIA+ noch immer ein Tabuthema, das gerne verschwiegen wird. Trotzdem benötigen Betroffene Hilfe, um solche Ereignisse zu verarbeiten und, bei Gewalt in der Partnerschaft, einen Weg zu finden, um sich aus der Situation zu befreien.

Zu diesem Zweck hat die Community sogenannte Antigewaltprojekte wie Maneo in Berlin ins Leben gerufen. In der Regel handelt es sich um eine Beratungsstelle, bei der Du nicht nur eine Meldung zu erlebter Gewalt machen, sondern das Erlebte auch mithilfe kompetenter Begleitung aufarbeiten kannst. Dass Antigewaltprojekte notwendig sind, zeigt schon alleine die in den letzten Jahren wieder steigende Zahl dokumentierter Gewalttaten gegen LGBTQIA+ Personen. Weiter unten findest Du noch mehr Informationen zu diesem Themenfeld.

ANLAUFSTELLEN FÜR GEFLÜCHTETE LGBTQIA+

Ein seit dem Jahr 2015 verstärkt notwendiges Feld in der Beratung ist die Begleitung von Geflüchteten. Sie haben aufgrund ihrer sexuellen Orientierung oder Geschlechtsidentität in ihren Heimatländern fast immer unter enormen Repressalien gelitten, wurden angefeindet, verprügelt, vergewaltigt oder zum Teil auf schwerste Art und Weise gefoltert. Die physischen Verletzungen mögen schnell heilen, was es in der Beratung von Menschen mit Fluchterfahrung unbedingt zu bearbeiten gilt, sind die seelischen Verletzungen. Leider sind geflüchtete LGBTQIA+ Personen meistens mehrfach diskriminiert. Einmal aufgrund ihrer sexuellen Orientierung oder geschlechtlichen Identität und zusätzlich noch durch ihren Status als Geflüchtete.

Für sie wurden ganz eigene Anlaufstellen geschaffen, die allerdings oft mit großen Problemen zu kämpfen haben. Eine große Schwierigkeit ist die Sprachbarriere, denn viele der nach Deutschland flüchtenden sprechen weder Englisch noch Deutsch, wodurch sich eine adäquate Beratung sehr viel schwieriger gestaltet. Zudem sind viele von ihnen so traumatisiert und verängstigt, dass sie ihre sexuelle Orientierung oder Geschlechtsidentität zu Beginn verschweigen, was später zu großen Problemen beim Asylverfahren führen kann. Hier mögliche Kontaktadressen, an die Du Dich wenden kannst, wenn Du zur Gruppe der LGBTQIA+ Geflüchteten gehörst:

- Leipzig: (https://www.rosalinde-leipzig.de/de/beratung/queer-refugees-network/)
- München: (https://www.rainbowrefugeesmunich.net)
- Köln: (https://rainbow-refugees.cologne)
- Berlin: (https://schwulenberatungberlin.de/angebote/queer-refugees)

Ein weiteres Problem, um dass sich die LGBTQIA+ Institutionen kümmern, ist die Unterbringung der Geflüchteten. Das Problem besteht darin, dass sie in den Sammelunterkünften genau mit den Leuten zusammenleben, die sie in ihrer Heimat aufgrund ihrer sexuellen Orientierung diskriminiert haben. Ein Hauptanlieger der szene-eigenen Anlaufstellen besteht daher darin, sie in gesonderten Unterkünften unterzubringen und so erneute Anfeindungen durch Landsleute zu verhindern. Auch hier konnte die Community in vielen Städten einiges erreichen und konnte beispielsweise bewirken, dass solche Unterkünfte zumindest für eine gewisse Zahl von queeren Geflüchteten geschaffen wurden.

Darüber hinaus hat sich die Community bemüht, die Geflüchteten in einer guten Weise in die Szene zu integrieren. Es sind Gruppen wie die Rainbow Refugees oder Queer Refugees entstanden, durch die ihnen der Zugang zur deutschen LGBTQIA+ Community erleichtert werden soll. Darüber hinaus gibt es inzwischen Sprach- und Konversationskurse und es haben sich Pools engagierter Rechtanwälte und ehrenamtlicher Betreuer gebildet, die die queeren Geflüchteten bei Behördengängen oder im Asylverfahren unterstützen. Solche Anlaufstellen stehen übrigens vielerorts für Lesben, Schwule, Bisexuelle oder Transgender gleichermaßen zur Verfügung.

GESUNDHEITSVORSORGE UND PRÄVENTIONSARBEIT DER COMMUNITY (Z. B. AIDSHILFEN)

Die LGBTQIA+ Community ist auf das Engste mit der zu Beginn der 1980er Jahre beginnenden HIV- und Aidskrise verbunden. Dafür ursächlich ist die Tatsache, dass die Immunschwäche zu Beginn als „Schwulenkrankheit" bezeichnet wurde. Zu dieser Auffassung kam man, da sich in den ersten Jahren vor allem schwule Männer mit HIV infizierten und starben.

DIE AIDSHILFE ALS WICHTIGER TEIL DER LGBTQIA+ COMMUNITY

Um die Betroffenen zu unterstützen und die medizinische Forschung voranzutreiben, wurde in Berlin am 23. September 1983 die Deutsche Aidshilfe gegründet. In den folgenden Jahren und Jahrzehnten wurden immer mehr Aidshilfen in den Bundesländern gegründet, im Jahre 1990 mit der Leipziger Aidshilfe die erste Institution dieser Art in den neuen Bundesländern.

Neben ihrer Funktion als öffentlich wirksame Interessenvertretung für Menschen mit HIV/Aids gegenüber der Politik, der medizinischen Forschung und der Wissenschaft sieht die Aidshilfe ihre Hauptaufgabe in der Aufklärungsarbeit zum Thema HIV/Aids sowie zu anderen sexuell übertragbaren Krankheiten.

Verstand sich die Aidshilfe früher vor allem als Anlaufstelle für schwule und bisexuelle Männer, so hat sie diese Beschränkung hinter sich gelassen und ist heute Ansprechpartner für jedwede Klientel innerhalb und außerhalb der LGBTQIA+ Community. Diese Erweiterung war spätestens in dem Augenblick notwendig, als wissenschaftlich nachgewiesen wurde, dass auch heterosexuelle sich mit dem HI-Virus infizieren konnten, etwa im Rahmen einer Bluttransfusion.

GESUNDHEITSVORSORGE DER COMMUNITY-VEREINE UND QUEEREN ZENTREN

Nicht nur die Aidshilfen leisten wichtige Arbeit auf dem Gebiet der Gesundheitsförderung. Auch die LGBTQIA+ Zentren in den verschiedenen Großstädten widmen sich der Aufklärungs-, Präventions- und Bildungsarbeit im Bereich der Männer- oder Frauengesundheit. So hat beispielsweise das „Schwules Kommunikations- und Kulturzentrum Sub e. V." die sogenannte S'AG (Safety Aktionsgruppe), die sich der Präventionsarbeit innerhalb der Szene verschrieben hat. Hier leisten übrigens auch die ehrenamtlich tätigen Schwestern der Perpetuellen Indulgenz (SPI) einen wichtigen Beitrag, indem sie bei Veranstaltungen oder an den Wochenenden kostenlos Kondome und Info-Materialien verteilen sowie Spenden sammeln. Diese kommen der Arbeit der Aidshilfe oder anderer Szene-Vereine zugute. Viele Vereine bieten in Kooperation mit den Aidshilfen oder den zuständigen Gesundheitsämtern Testabende in den eigenen Räumen oder an bekannten Treffpunkten der Szene an. Zudem gibt es eine PrEP-Beratung, einen Gay Health Chat und eine wiederkehrende Veranstaltungsreihe namens Männerakademie, in deren Rahmen auch immer wieder LGBTQIA+ Personen betreffende Gesundheitsthemen im Fokus stehen. Zur Gesundheitsvorsorge der Community gehören natürlich auch die Beratungsstellen, die es für alle denkbaren Zielgruppen gibt.

Wenn Du Kontakte zu Ärzten benötigst, etwa zum Zweck einer geschlechtsangleichenden Operation, kann Du dir entsprechende Kontaktdaten bei den verschiedenen Vereinen und Institutionen der Community besorgen. Hier kannst Du einmal mehr von der außerordentlich guten Vernetzung innerhalb und außerhalb der Community profitieren.

PROJEKTE UND ANGEBOTE FÜR ÄLTERE LGBTQIA+

Für viele Leute der LGBTQIA+ Community ist das Alter ein wichtiges Thema. Dadurch, dass viele ein Singledasein führen und nicht selten den Kontakt zur Familie verloren haben, stellt sich für sie früher oder später die Frage, was denn im Fall einer schweren Erkrankung mit ihnen geschieht oder wer sie versorgt, wenn sie dazu gar nicht mehr oder nur noch in sehr eingeschränktem Maße fähig sind. Diese Fragen tauchen vor allem auch deshalb auf, weil viele Lesben, Schwule oder sonstige zur Community gehörigen Personen eben nicht über unbegrenzte Finanzmittel verfügen. Hinzu kommt, dass queere Menschen besondere Anforderungen an Pflegepersonal haben und zudem durch ihre Lebensweise in einem Seniorenheim leicht ins Abseits geraten können. Stell Dir vor, alle am Tisch berichten über ihre Kinder und Enkel und Du kannst nichts in die informelle Waagschale werfen bzw. wirst schief angeschaut, sobald du beispielsweise über deinen gleichgeschlechtlichen Lebenspartner erzählst. Vielen Lesben und Schwulen ist es z. B. auch unangenehm, wenn sie von einer Person des anderen Geschlechts gewaschen werden. In diesen Fällen sind Schwierigkeiten fast vorprogrammiert. Hinsichtlich der Situation älterer LGBTQIA+ sind deshalb von der Community gerade in den letzten Jahren viele Projekte angestoßen und zum Teil bereits umgesetzt worden, bei denen eine größere Sensibilität bezüglich der Lebenssituation bestimmter Gruppen das Ziel ist.

WOHNPROJEKTE FÜR QUEERE ÄLTERE UND ALTE

Durch die Aidshilfen, Zusammenschlüsse verschiedener Community-Institutionen oder private Initiativen konnten in den vergangenen Jahren wegweisende Wohnprojekte ins Leben gerufen werden. Dabei handelt es sich um Wohngruppenprojekte für ältere LGBTQIA+, betreutes Einzelwohnen oder Mehrgenerationen-Wohnprojekte. Diese Vorhaben waren und sind zum Teil sehr teuer, konnten aber durch Zuschüsse der Städte oder Kommunen sowie private Spenden realisiert werden.

ANGEBOTE FÜR ÄLTERE LGBTQIA+

Natürlich benötigen oder wollen alle älteren Leute in der Community ein Wohnprojekt. Viele leben auch in höherem Alter vollkommen selbstständig. Trotzdem wünschen sie sich Kontakt zur Szene und freuen sich über Begegnungen, Austausch und Freizeitaktivitäten mit Gleichgesinnten. Die Community kennt diese Wünsche und Bedürfnisse und hat entsprechende Angebote entwickelt. Wenn Du Dich zu den LGBTQIA+ SeniorInnnen zählst, findest Du eine ganze Reihe von Möglichkeiten für soziale Kontakte. Auf den Websites der queeren Zentren in ganz Deutschland wirst Du beispielsweise folgende Angebote entdecken, die für Dich interessant sein könnten:

- Gesprächskreise/Selbsthilfegruppen für LGBTQIA+ SeniorInnen
- Wandergruppen für Lesben und Schwule im Alter (50+)
- Yoga-Kurse
- SeniorInnen-Fitness/Schwimmgruppen
- Sprachgruppen
- Theatergruppen/Chöre
- Patenprojekte/Besuchsdienste
- Frühstücks- und Ausgehgruppen

VERBÄNDE FÜR LGBTQIA+ SENIORINNEN

Eine überaus wichtige Funktion übernehmen in diesem Bereich auch die jeweiligen Dachverbände „BISS" und „Lesben und Alter". Sie sehen ihre Hauptaufgabe in der Vernetzung vorhandener Gruppen sowie in der Interessenvertretung. Daher betreiben sie Aufklärungs- und auch Lobbyarbeit zum Thema ältere und alte queere Menschen. Ihr Ziel ist es, die gesellschaftliche Teilhabe älterer LGBTQIA+ zu verbessern. Eine wichtige Aufgabe ist auch der Kontakt zu Einrichtungen der Pflege und der Altenhilfe.

FORTBILDUNGSANGEBOTE DER LGBTQIA+ VEREINE

Eine Ursache für die in Teilen der Gesellschaft immer noch vorhandenen Ressentiments liegt ist die Unkenntnis bezüglich der Lebensweisen von LGBTQIA+. Um dieses Wissensdefizit zu überwinden, bieten die queeren Zentren auch Fortbildungen an. Zielgruppe sind beispielsweise städtische Bedienstete, Lehrer, Unternehmensleitungen, Mitarbeitende in Pflegeeinrichtungen oder Vorstände von Sportvereinen. Themenschwerpunkte bei solchen Fachfortbildungen sind in der Regel:

- Kindheit und Jugend (inklusive Phasenmodell beim Coming-out)
- Ältere Schwule und Lesben
- Lesben und Schwule mit Behinderung
- Regenbogenfamilien
- Themenbereich Migration
- Lebenssituation lesbisch schwuler Asylsuchender in Deutschland
- Internationale Situation von Lesben, Schwulen und Transgendern
- Lebenspartnerschaftsgesetz (Ehe für Alle)
- Lebenssituationen gleichgeschlechtlicher Paare (Paardynamik)
- Diskriminierung von LGBTQIA+
- Homophobie
- Anlaufstellen und Fachliteratur zum Thema LGBTQIA+

Diese Fortbildungen werden nicht selten von mehreren Vereinen der Community gemeinsam veranstaltet und von den Stadtverwaltungen unterstützt. Wie sinnvoll diese Veranstaltungen sind, zeigte sich bei verschiedenen Gelegenheiten. Zwei Beispiele können verdeutlichen, wie sinnvoll solche von der LGBTQIA+ Community angebotene Fachveranstaltungen sein können.

FORTBILDUNG FÜR STANDESBEAMTINNEN UND STÄDTISCHE BEDIENSTETE

Ihr Wert zeigte sich beispielsweise bei der Einführung des Lebenspartnerschaftsgesetzes. Mit seiner Einführung entstand für gleichgeschlechtliche Paare die Möglichkeit der Verpartnerung, die von den Standesbeamtinnen durchgeführt wurde. Damit diese eine solche Zeremonie angemessen gestalten konnten, wurden z. B. in München von den beiden großen Szene-Vereinen im Rahmen einer Fachfortbildung für StandesbeamtInnen die städtischen Bediensteten auf die neue Situation vorbereitet. Diese Maßnahme machte sich spätestens bei der Einführung der Ehe für Alle bezahlt. Wo die trauende Person bei einer gleichgeschlechtlichen Hochzeitszeremonie früher vielleicht noch aus Unachtsamkeit darauf hinwies, dass der Bräutigam die Braut jetzt küssen dürfe, geschehen solche Missgeschicke heute vermutlich bzw. hoffentlich nicht mehr. Inzwischen haben sich die mit Trauungen beauftragten Bediensteten (auch durch die Teilnahme an den LGBTQIA+ Fortbildungen) an die neue Situation angepasst und sind in der Lage, eine solche Feier adäquat zu gestalten.

FACHFORTBILDUNG ZUM THEMA LGBTQIA+ FÜR PFLEGENDE

Als sehr wichtig erweisen sich solche Fortbildungen im Bereich der Pflege. Aus der LGBTQIA+ Community stammende SeniorInnen haben andere Erfahrungen gemacht, als Heterosexuelle. Allein die über Jahrzehnte erlittene Diskriminierung und die Notwendigkeit, ihre eigentliche Persönlichkeit zu verbergen haben diese Menschen stark geprägt. Viele in der Pflege Tätige betonen, dass ihnen die Sexualität nicht wichtig ist und dass sie jeden pflegen. Eine solche Einstellung ist zunächst einmal lobenswert, denn sie zeugt von Toleranz. Trotzdem braucht es ein tieferes Verständnis bezüglich der

Lebenswelt homosexueller Menschen. Hat man dieses Verständnis bzw. Wissen nicht, bleibt man ein Stück weit unsensibel für ihre Bedürfnisse und ist nicht in der Lage, für ein angstfreies Umfeld zu sorgen. Dass lesbische Frauen und schwule Männer zum Teil über viele Jahrzehnte mit Ablehnung, Verständnislosigkeit, Anfeindung und Ausgrenzung konfrontiert waren, darunter sehr gelitten haben und aufgrund dieser Erfahrungen ganz spezielle Bedürfnisse mit in die Pflegeeinrichtung bringen, wird bisher von vielen Pflegenden leider noch nicht bewusst wahrgenommen. Für LGBTQIA+ ist es wichtig, dass sie nicht nur auf sexuelle Handlungen reduziert werden. Das würde nämlich bedeuten, dass ihre biografische und kulturelle Identität zu wenig oder gar nicht berücksichtigt wird. Auch lesbische und schwule Pflegebedürftige möchten, wie heterosexuelle, ganzheitlich als Menschen (Subjekte) mit einer individuellen Lebensgeschichte wahrgenommen, betreut und gepflegt werden. Eine Fortbildung zu gleichgeschlechtlichen Lebensformen kann hier für eine größere Sensibilität bei den Pflegekräften und Medizinern sorgen.

DIE LGBTQIA+ COMMUNITY IN DER JUGENDARBEIT

Vor allem Jugendliche und Heranwachsende befassen sich mit der eigenen, erwachenden Sexualität. Dabei werden sie häufig mit der Tatsache konfrontiert, dass sie irgendwie anders sind als andere. Sie spüren, dass sie nicht so lieben, wie es ihnen von der Gesellschaft als „normal" vermittelt wird. Vielleicht hast Du es ähnlich erlebt, wolltest Dich mit irgendjemandem unterhalten, Fragen stellen oder dich informieren und wusstest nicht wo. Leider gab es früher, und in ländlichen Regionen noch heute, keinerlei Möglichkeit, mit Menschen in Kontakt zu treten, die sich mit dem Thema Homosexualität oder Geschlechtsidentität auskennen. Oft sind die Schule, die Ministranten- oder Pfadfindergruppe bzw. der Sportverein in kleineren Ortschaften die einzigen Orte, an denen sich Kinder und Jugendliche treffen können.

Bei diesen Gelegenheiten über Sexualität oder gar Homosexualität offen zu reden, ist kaum möglich und oft auch nicht erwünscht. Erst in den letzten Jahren hat es die LGBTQIA+ Community geschafft, auf diese suboptimale Lebenssituation aufmerksam zu machen.

STUDIE ZUR SITUATION VON LGBTQIA+ JUGENDLICHEN

So hat die Koordinierungsstelle für gleichgeschlechtliche Lebensweise der Stadt München im Jahre 2010 eine Befragung von 800 Fachkräften der Kinder- und Jugendhilfe durchgeführt. Zu den Ergebnissen der Befragung gelangst Du über die Homepage der Stadt München (https://www.muenchen.de/rathaus/Stadtverwaltung/Direktorium/ Koordinierungsstelle-fuer-gleichgeschlechtliche-Lebensweisen/Jugendliche-Lesben-und-Schwule/Jugendstudie/Befragung.html).

Die Studie förderte zum Teil erschreckende Ergebnisse bezüglich der Situation von homo- und transsexuellen Kindern und Jugendlichen ans Licht. Letztlich bestätigte sie, dass es noch immer notwendig ist, Jugendliche in ihrer Suche nach der eigenen Sexualität oder Geschlechtsidentität zu unterstützen.

QUEERE JUGENDZENTREN ALS WICHTIGE ANLAUFSTELLEN

Seit vielen Jahren bemüht sich die LGBTQIA+ Community, Orte für Kinder und Jugendliche zu schaffen, an denen sie sich in geschütztem Rahmen mit dem Thema Homo-, Bi- oder sonstige sexuelle Orientierungen auseinandersetzen können. Auch müssen sie die Möglichkeit haben, sich offen mit Transsexualität bzw. Transidentität beschäftigen zu können. Aus dieser Intention heraus wurden queere Jugendzentren ins Leben gerufen. In einem solchen Jugendzentrum haben in der Regel nur Personen bis zum 27. Lebensjahr Zugang, wodurch gewährleistet ist, dass sie mit etwa Gleichaltrigen zusammentreffen. In diesen Zentren haben sich viele verschiedene Gruppen gebildet, z. B. für Lesben und Schwule verschiedener Altersgruppen (z. B. von 14 bis 19 und von 18 bis 27), für bisexuelle Jugendliche, für Trans*Jugendliche, für junge Leute mit HIV, für jugendliche LGBTQIA+ Geflüchtete oder auch für Leute zwischen 27 und 32 Jahren (sozusagen als Übergangsgruppe in die klassische Community). Queere Jugendzentren sind über ganz Deutschland verteilt. Folgende Einrichtungen gibt es momentan:

- La Vie Karlsruhe (https://stja.de/lavie/)
- Diversity München (https://diversity-muenchen.de)
- PULS Düsseldorf (https://queere-jugend-nrw.de/projekte/puls-duesseldorf/)
- KUSS41 Frankfurt (http://www.kuss41.de)
- QueerUnity Hannover (https://www.queerunity.de)
- Track Münster (http://www.track-ms.de)
- Queeres Jugendzentrum Berlin (https://www.lambda-bb.de/projekte/queeres-jugendzentrum)
- QuWeer – Queeres Jugendzentrum Weimar (https://www.queerweg.de/projekte/quweer)
- Queerdenker* Stuttgart (https://queerdenker-stuttgart.com)
- Jugendtreff Magnus-Hirschfeld-Centrum Hamburg (https://www.mhc-hh.de/kultur-community/jugendtreff-projekte/)
- Q-Jugendtreff Rhein-Sieg-Kreis, Troisdorf (https://q-rsk.de)
- GAP LGBTQIA+ Jugendzentrum Bonn (http://gap-in-bonn.de)

Diese Jugendzentren stehen exemplarisch für die Anstrengungen, die die LGBTQIA+ Community in Deutschland unternimmt, um die Lebenssituation junger Menschen mit homosexuellen Orientierungen bzw. abweichenden Geschlechtsidentitäten zu verbessern. Sicher gibt es noch deutlich mehr Jugendgruppen bzw. Initiativen für LGBTQIA+. Die hier aufgelisteten Zentren können Dir sicher weitere Kontaktadressen nennen, falls Du nicht in direkter Nähe zu einem queeren Jugendtreff wohnst.

BEGLEITETER WEG ZUR EIGENEN IDENTITÄT

Um den Jugendlichen eine adäquate Begleitung an die Seite zu stellen, sind in den Einrichtungen meist SozialpädagogInnen angestellt, die auf die entsprechenden Themen vorbereitet sind. Ihre Aufgabe ist unter anderem die Begleitung der einzelnen Gruppen. Zudem bieten sie Beratungen und auch unterschiedlichste, gruppenspezifische Veranstaltungen an. Von einigen Zentren wird außerdem ein Schulaufklärungsprojekt betreiben, beispielsweise die Projekte diversity@school in München bzw. Soorum in Hamburg. Im Rahmen dieses Projekts findet Aufklärungsarbeit statt und das Team versucht mit Workshops und Infoständen für mehr Akzeptanz zu werben. An Schulen, in Jugendzentren sowie an anderen, von Jugendlichen frequentierten Orten werben sie für verschiedene sexuelle Orientierungen, Geschlechtsidentitäten sowie Ausprägungen beim biologischen Geschlecht. Dabei legen die ehrenamtlich geführten Projekte großen Wert darauf, dass die Veranstaltungen von Jugendlichen oder jungen Erwachsenen aus den Zentren gehalten werden. Da sie im selben Alter oder nur wenig älter sind, als die Teilnehmenden, erreichen diese durch die von ihnen geschilderten, sehr persönlichen Erfahrungen sehr viel schneller und sind glaubwürdiger. Damit sie die notwendige Kompetenz besitzen, durchlaufen sie eine Ausbildung und sind idealerweise JugendleiterInnen. Betreut werden sie bei ihrer ehrenamtlichen Arbeit von SozialpädagogInnen.

WOHNPROJEKTE FÜR LGBTQIA+ JUGENDLICHE

Was in den USA bereits lange fester Bestandteil der queeren Community ist, das findet sich in Deutschland noch relativ selten. Die Rede ist von Wohnprojekten für queere Jugendliche, die beispielsweise von ihren Eltern aufgrund ihrer sexuellen Orientierung oder ihrer abweichenden Geschlechtsidentität verstoßen wurden. Die deutsche Community konzentriert sich hier vor allem auf Projekte für unbegleitete, minderjährige Geflüchtete. Beispiel ist etwa die therapeutische Wohngruppe Rosamunde in München. Auch Queer leben, ein Kooperationsprojekt zwischen der Schwulenberatung Berlin und dem trialog e. V., bietet verschiedene

Wohngruppen für schwule, lesbische, bisexuelle und queere Jugendliche und junge Erwachsene an. In Berlin gibt es ein ganz ähnliches Angebot des Vereins gleich&gleich e. V., bei dem betreutes Wohnen für schwule, lesbische, bisexuelle sowie trans* Jugendliche und junge Erwachsene möglich ist. In Not geratene Jugendliche erhalten in Deutschland vor allem bei den Kinder- und Jugendhilfeeinrichtungen der jeweiligen Städte Hilfe.

VERBANDS- UND NETZWERKARBEIT

Wer etwas erreichen möchte, der benötigt vor allem eines, nämlich gute Kontakte. Das gilt auch für den Bereich LGBTQIA+. Daher ist ein wichtiger Tätigkeitsbereich der LGBTQIA+ Community die Arbeit in Verbänden sowie das Bilden von Netzwerken. Beides sind sozusagen Zugangsmöglichkeiten zu den Persönlichkeiten, Institutionen und politischen Parteien, ohne die sich Projekte nur schwer umsetzen lassen.

Je größer ein Verband ist, je mehr Mitglieder ein Dachverband unter seinem Dach vereint, desto einflussreicher ist er meistens. Das gleiche gilt für Netzwerke. Je mehr Kontakte man knüpfen kann, desto mehr Ansprechpartner und potenzielle Unterstützer hat man, wenn man sie benötigt. Das Stichwort lautet auch für die LGBTQIA+ Community Lobbyarbeit. Es gilt, Menschen von Zielen zu überzeugen, für Projekte zu begeistern und sie zur Zusammenarbeit und Unterstützung zu motivieren. Im Bereich der Verbandsarbeit ist die Community sehr breit aufgestellt. Für fast jedes Arbeitsfeld bezüglich LGBTQIA+ hat sich ein Verband bzw. Dachverband gegründet. Großen Einfluss haben beispielsweise die folgenden Verbände:

- LSVD (Lesben- und Schwulenverband Deutschland)
- BISS (Bundesinteressenvertretung schwuler Senioren)
- Lesben und Alter
- Jugendnetzwerk Lambda
- Völklinger Kreis (Bundesverband schwuler Führungskräfte)

- Wirtschafsweiber (Netzwerk lesbischer Fach- und Führungskräfte)
- HuK (Ökumenische Arbeitsgruppe Homosexuelle und Kirche)
- VelsPol (Verband lesbischer und schwuler Polizeibediensteter in Deutschland)
- BLSJ (Bund Lesbischer und Schwuler JournalistInnen e.V.)
- AHsAB (Arbeitskreis Homosexueller Angehöriger der Bundeswehr)
- SLP (Bundesarbeitsgemeinschaft Schwule und Lesbische Paare)

Manche dieser Verbände wirst Du vielleicht schon aus den Medien kennen, andere arbeiten eher unbemerkt, aber nicht weniger effizient. Immer, wenn in Gesellschaft oder Politik ein die LGBTQIA+ Community betreffendes Thema diskutiert wird, schalten sich die jeweiligen Verbände ein und versuchen, sich durch das Verweisen auf wichtige Argumente einzubringen und auf eventuelle Schnittmengen mit der Community hinzuweisen. Zudem äußern sie Wünsche oder stellen im Auftrag ihrer Mitglieder Forderungen. Oft ist es ein zähes Ringen um kleinste Fortschritte, aber die LGBTQIA+ Verbände verstehen es, Prozesse in positiver Weise zu beeinflussen. Die Beharrlichkeit der Verbandsvertreter führt nicht selten zu Ergebnissen, die als vorteilhaft oder zumindest nicht als zu negativ für die Community zu werten sind. Verbandsarbeit und Networking ist meistens ein langwieriger Prozess, in deren Verlauf es ein vorrangiges Ziel ist, Vorurteile zu beseitigen und zum Umdenken zu motivieren. Die Verbände der Community haben durch ihren beharrlichen Einsatz z. B. maßgeblich zur Abschaffung von § 175 beigetragen und waren beteiligt, als es um die Ausarbeitung des Allgemeinen Gleichbehandlungsgesetzes und des Lebenspartnerschaftsgesetzes ging. Auch die Ehe für Alle ist zumindest teilweise ein Verdienst der unermüdlichen Arbeit der LGBTQIA+ Verbände.

Einen wichtigen Teilbereich der Verbandsarbeit bildet die Öffentlichkeitsarbeit. Letztlich ist es ja das große Ziel, die LGBTQIA+ Community näher an die Gesellschaft als Ganze heranzurücken und für Akzeptanz und Gleichbehandlung zu werben. Leider bedeutet ein erlassenes Gesetz noch lange nicht, dass es auch von der Mehrheit der

Menschen akzeptiert und für gut befunden wird. Nur wenn es gelingt, in der Gesellschaft ein Umdenken zu initiieren, hat die Community tatsächlich eine Chance, wirklich in der Mitte der Gesellschaft anzukommen und ihren Minderheiten-Status abzulegen. Zwar befürworten etwa 83 Prozent aller Deutschen die Ehe für Alle, aber 47 Prozent stören sich noch immer daran, wenn sich zwei Männer in der Öffentlichkeit küssen. Eine gute Öffentlichkeitsarbeit kann hier durchaus zu einem Umdenken führen. Insofern braucht die Community Verbände, die in Sachen Öffentlichkeitsarbeit und Öffentlichkeitswahrnehmung gut aufgestellt sind.

Netzwerkarbeit ist für die Community unerlässlich, will sie national und auch international etwas erreichen beim Kampf für ihre Rechte. Aus diesem Grund verknüpfen sich die Communitys in den einzelnen Städten und Metropolen der Bundesrepublik untereinander und bauen Verbindungen zu den LGBTQIA+ Communitys in anderen Ländern auf. Ziel ist es, ein weltweit verfügbares Netzwerk zu bilden und dadurch die gesteckten Ziele noch effektiver zu verfolgen, sich mit anderen, in schwierigen Situationen befindlichen Communitys zu solidarisieren und bei Bedarf mit Know-how und auch finanziellen Mitteln zu helfen. So sind in den letzten Jahrzehnten große internationale LGBTQIA+ Verbände und Organisationen entstanden. Zu nennen sind hier vor allem:

- ILGA (International Lesbian, Gay, Bisexual, Trans and Intersex Association)
- OutRight Action International
- PFLAG (Parents, Families and Friends of Lesbians and Gays)
- Amnesty International LGBT Network (Queer Amnesty)
- IGLHRC (International Gay and Lesbian Human Rights Commission)
- GSANI (Gay Straight Alliance Network International)
- It Gets Better Project (Projekt zum Schutz Jugendlicher vor Suizid aufgrund Mobbing wegen erwiesener oder vermuteter Homosexualität)
- NLGJA (The Association of LGBTQ Journalists)

- iglyo (International Lesbian, Gay, Bisexual, Transgender, Queer & Intersex (LGBTQI) Youth and Student Organisation)

Diese Organisationen setzen sich auf internationaler Ebene für die Anliegen der LGBTQIA+ Community ein und betreiben wichtige Lobbyarbeit in Gesellschaft und Politik.

LGBTQIA+ IN DER POLITIK

Die LGBTQIA+ Community war sich von Beginn an bewusst, dass sich gesellschaftliche Veränderungen nur mithilfe der Politik realisieren lassen. Aus diesem Grund haben sich zur Community gehörende politisch Aktive darum bemüht, innerhalb ihrer Parteien an Einfluss zu gewinnen. Dies funktioniert erwiesenermaßen am besten, wenn es eine entsprechende, möglichst große Gruppe innerhalb der Partei gibt.

PARTEIPOLITISCHE ARBEIT DER LGBTQIA+ COMMUNITY

- So haben sich in nahezu allen, in Deutschland agierenden Parteien queere Gruppen gegründet. Diese nennen sich folgendermaßen:
- LSU (Lesben und Schwule in der Union)
- SPDqueer (Arbeitsgemeinschaft der SPD für Akzeptanz und Gleichstellung)
- LiSL (Liberale Schwule und Lesben)
- Die Linke.queer (Bundesarbeitsgemeinschaft)

Auch die AfD hat eine queere Arbeitsgemeinschaft gegründet (Homosexuelle in der AfD), allerdings ist die Intention und Glaubwürdigkeit dieser Gruppe zu hinterfragen, da die Partei bei allen nur denkbaren Anlässen gegen die LGBTQIA+ Community agiert und ihre Arbeit behindern, erschweren oder ganz unterbinden will. So stellen die verschiedenen AfD-Landesverbände immer wieder Anträge, queeren Institutionen die Förderung zu entziehen. Auch das Recht auf die „Ehe für Alle" will die Partei gleichgeschlechtlichen Paaren wieder aberkennen.

Eine bundesweit einzigartige Besonderheit bietet die bayerische Landeshauptstadt München. Dort hat sich 1989 die schwul-lesbische/queere WählerInneninitiative Rosa Liste gegründet. Seit 1996 sitzt die Rosa Liste mit einem Stadtrat im Kommunalparlament und ist augenblicklich (Stand 2020) wieder Teil der Regierungskoalition aus Rosa Liste, SPD und Die Grünen. Darüber hinaus gibt es die Münchner Regenbogenstiftung. Sie wurde im Jahre 2010 vom Stadtrat der bayerischen Landeshauptstadt errichtet. Ihren Fokus legt sie auf die Förderung von Projekten und Maßnahmen, von denen Lesben, Schwule und Transgender profitieren.

Eine weitere Form der Institution, die den politischen Willen zur Gleichbehandlung und Antidiskriminierung zeigt, sind die Koordinierungsstellen für gleichgeschlechtliche Lebensweisen, die als Schnittstelle zwischen der jeweiligen Community und der Stadtverwaltung fungieren. Ihre Hauptaufgaben umfassen:

- fachpolitische Arbeit: Analyse und Bewertung der aktuellen gesellschaftlichen Situation von LGBTQIA+, Informations- und Gesprächsrunden, Zusammenarbeit mit relevanten Einrichtungen, Beauftragten und Behörden
- thematische Unterstützung: Fachberatung für städtische Dienststellen, Teilnahme an städtischer Antidiskriminierungs- und Gleichstellungsarbeit, Kooperation mit anderen relevanten Stellen der Stadt (etwa Gleichstellungsstelle)
- effiziente Beratung und Akzeptanzförderung: Durchführung von Kampagnen, Öffentlichkeits- bzw. Medienarbeit sowie Prävention, Schwerpunkte sind relevante Themen wie Jugend, Coming-out-Beratung, Alter, Mobbing in der Schule oder interkulturelle Verständigung, Erstellung von Informationsmaterial zum Thema gleichgeschlechtliche Lebensweisen sowie Initiierung von Umfragen und Studien
- intensive Unterstützung von Initiativen & Vereinen aus dem Bereich LGBTQIA+: Aufbau von Netzwerken, Angebote für Kooperationen, Koordinierung von Veranstaltungen, Bereitstellung von städtischen Ressourcen

Diese Koordinierungsstellen sind wertvolle Kontaktstellen für die LGBTQIA+ Community, denn über sie haben queere Vereine und

Initiativen einen relativ unkomplizierten Zugang zu den politischen Entscheidungsträgern. Grund hierfür ist die Tatsache, dass die Leitungen dieser Koordinierungsstellen in dem meisten Stellen direkt dem sogenannten Direktorium und damit dem (Ober-)Bürgermeister unterstellt sind. Solche Koordinierungsstellen für gleichgeschlechtliche Lebensweisen gibt es unter anderem in Mainz und München.

SONSTIGE POLITIKARBEITFELDER DER LGBTQIA+ COMMUNITY

Ein wichtiges Werkzeug für die Bildungs- und Forschungsarbeit auf dem Gebiet der Sexualwissenschaft ist die 2010 im Auftrag von Bundesregierung und Bundestag gegründete Bundesstiftung Magnus Hirschfeld. Neben der Initiierung und Förderung von geeigneten Forschungsprojekten ist es eine Hauptaufgabe der Stiftung, sich für Lesben, Schwule, Bisexuelle, Transsexuelle, trans- sowie intergeschlechtliche und queere Personen einzusetzen und einzusetzen und gegen ihre Diskriminierung anzugehen. Dazu nutzt die Bundestiftung ihre drei Grundpfeiler Bildung, Forschung und Erinnerung. Sie betreibt zum Zweck der Erinnerungskultur ein eigenes Videoarchiv, das „Archiv der anderen Erinnerungen". In diesem sind die von der früheren Rechtsprechung gemäß § 175 (StGB der Bundesrepublik) bzw. § 151 (DDR-StGB) geprägten Lebensgeschichten von LGBTQIA+ Zeitzeugen zu finden.

Als bedeutsame Anlaufstelle für Belange der LGBTQIA+ Community kannst Du die Antidiskriminierungsstelle des Bundes ansehen. Bei ihr handelt es sich um eine Bundesbehörde, deren Aufgabe darin besteht, durch Information und Beratung dafür Sorge zu tragen, dass das Allgemeine Gleichbehandlungsgesetz (AGG) eingehalten wird. Ein wichtiger Aspekt bei der Arbeit der Antidiskriminierungsstelle ist ihr Bemühen, relevante Nichtregierungsorganisationen und auch Institutionen in ihre Arbeit mit einzubinden, die sich auf europäischer, Bundes-, Landes- oder Regionalebene für den Schutz vor Benachteiligungen engagieren. Die jeweilige Leitung der Antidiskriminierungsstelle des Bundes hat darüber hinaus die Aufgabe, die Bundesregierung, den Bundestag sowie die Öffentlichkeit regelmäßig über ihre Tätigkeit zu berichten. Dies geschieht unter anderem durch einen Jahresbericht. Obwohl die Antidiskriminierungsstelle nicht explizit zum Schutz von LGBTQIA+ geschaffen wurde, so zeigt ihre Existenz doch den politischen Willen, die Lebenssituation auch von Angehörigen der queeren Community zu verbessern.

DIVERSITY-ARBEIT IN UNTERNEHMEN

Ein großes Belastungspotenzial für LGBTQIA+ Personen hat das berufliche Umfeld. Immer noch wagen viele nicht, sich am Arbeitsplatz zu outen, weil sie fürchten, diskriminiert, gemobbt oder beruflich benachteiligt zu werden. Die Antidiskriminierungsstelle des Bundes hat dazu eine Umfrage gestartet. Die Ergebnisse der Studie kamen nicht wirklich unerwartet. Aus der online-Befragung geht hervor, dass aus den genannten Gründen circa 33 Prozent aller befragten Lesben und Schwulen, immerhin 56 Prozent der Bisexuellen und etwa 70 Prozent aller Transidenten bzw. Transsexuellen davon Abstand nehmen, ihre sexuelle Orientierung oder Geschlechtsidentität am Arbeitsplatz kundzutun.

PSYCHISCHE BELASTUNG DURCH VERHEIMLICHUNG

Was auf den ersten Blick leicht aussieht, erweist sich bei näherem Hinsehen als außerordentlich anstrengend. Wann immer das Privatleben von KollegInnen am Arbeitsplatz zum Thema gemacht wird, müssen LGBTQIA+ Personen schweigen oder lügen. Sobald sie mit Fragen konfrontiert werden, beginnt das Versteckspiel. Heterosexuelle können leicht von Wochenendaktivitäten, dem letzten Urlaub mit der Familie, der Ehefrau oder dem Ehemann berichten. Lesben können nicht von ihrem letzten Ausflug mit ihrer Partnerin erzählen, Schwule werden nicht vom letzten Urlaub mit ihrem Ehemann in einem Gay-Resort berichten und Transpersonen dürfen nicht über ihre Teilnahme an einer Veranstaltung zum Thema geschlechtsangleichende Operationen sprechen. Zu groß ist in vielen Unternehmen noch immer das Risiko, auf Unverständnis und im schlimmsten Fall Ablehnung oder gar offene Anfeindung zu stoßen.

Wenn Du dein eigentliches Ich ständig verstecken musst und nicht der sein kannst, der Du bist, kannst Du in einem Unternehmen auf Dauer keine gute Arbeit machen, denn die psychischen Belastungen haben stets auch Auswirkungen auf Deine Motivation und Kreativität. Wo Du hingegen offen über Deine sexuelle Orientierung oder geschlechtliche Identität sprechen kannst, da fühlst Du Dich willkommen und akzeptiert. In einem Unternehmen, das Wert auf ein funktionierendes Diversity-Management legt und nicht nur in netten Worten ergeht, arbeiten Lesben, Schwule, Bisexuelle und Transgender sehr viel lieber.

DIVERSITY-MANAGEMENT IN UNTERNEHMEN

Inzwischen legen etwa zwei Drittel aller BewerberInnen um eine neue Stelle (darin sind nicht nur LGBTQIA+, sondern auch Heterosexuelle enthalten) Wert darauf, in einem Unternehmen zu arbeiten, in dem Diversität nicht nur ein Schlagwort ist, sondern Handlungsmaxime. Auch die LGBTQIA+ Community bemüht sich, die Unternehmen im Bereich Diversity zu unterstützen, veranstaltet Fortbildungen für Führungskräfte und motiviert dazu, innerhalb der Unternehmen eigene Diversity-Gruppen zu bilden, um das Thema im beruflichen Umfeld aktuell zu halten und auf Diskriminierung aufgrund der sexuellen Orientierung oder Geschlechtsidentität reagieren und Betroffenen beistehen zu können. So sind einige große Netzwerke entstanden, beispielsweise:

- PRIDE AT ACCENTURE
- AllianzPride
- queer@audi
- Rainbow@axa
- VOCE (Barilla)
- LGBT and Friends (BASF)
- beyou (Beiersdorf)
- DIVERS (BMW Group)
- Coca Cola European Partners
- CO-Pride (Continental)
- Railbow (Deutsche Bahn)

- MagentaPride (Deutsche Telekom)
- GLOBE (Ford)
- EAGLE @ IBM
- open&out (Johnson & Johnson)
- GLEAM & Friends (Microsoft)

Diese und noch viele weitere Netzwerke in großen und mittleren Unternehmen sind eine gute Möglichkeit, noch immer weit verbreitete Vorurteile gegenüber LGBTQIA+ abzubauen und dafür zu sorgen, dass sie angstfrei und als die Persönlichkeiten, die sie sind, an ihrem Arbeitsplatz agieren können. Ein wichtiges Argument für den Abbau von Diskriminierung ist, dass gelebte Diversität in einem Unternehmen die Arbeitsatmosphäre deutlich verbessert und darüber hinaus die Motivation der Mitarbeitenden steigert, wodurch das Unternehmen erfolgreicher ist. Darüber hinaus profitiert es von einem Image-Gewinn, den es aufgrund seiner Bemühungen um gelebte Diversität erzielt.

DISKRIMINIERUNG VON LGBTQIA+ AM ARBEITSPLATZ - STRUKTURELLES PROBLEM

Die im Unternehmen entstandenen Gruppen setzen sich unter anderem für die Schaffung von diskriminierungsfreien Strukturen ein. Dazu gehören Stellenausschreibungen nach AGG-Standard ebenso, wie behindertengerechte Arbeitsplätze oder interkulturelle Trainings. Darüber hinaus bieten die Gruppen Beratungen an und unterstützen Kollegen, wenn diese aufgrund ihrer sexuellen Orientierung oder Identität diskriminiert werden. Durch ihre Arbeit möchten sie sämtliche Unternehmensangehörige vom Vorstandsvorsitzenden bis zum Hausmeister und vom Abteilungsleiter bis zur Reinigungskraft für dieses Thema sensibilisieren und so zu einer Veränderung des Verhaltens beitragen.

LGBTQIA+ ORGANISATIONEN AUSSERHALB DER UNTERNEHMEN

Die Community weiß um die Effizienz und Wichtigkeit von Organisationen, wenn es um das Erreichen von Zielen geht. Aus diesem Grund sind über die unternehmens-internen Diversity-Gruppen hinaus weitere Organisationen gebildet, die ebenfalls Arbeitsplatzrelevanz besitzen, sich also mit diesem Thema beschäftigen. Wichtige Arbeit leisten hier beispielsweise:

- ABQueer (Aufklärung & Beratung zu sexueller und geschlechtlicher Vielfalt)
- queerbw (bisher AHsAB)
- BASG (Bundesarbeitsgemeinschaft Schwule im Gesundheitswesen)
- BASJ (Bundesarbeitsgemeinschaft schwuler Juristen)
- BLSJ (Bund lesbischer und schwuler Journalisten)
- Bundesvereinigung Trans*
- Charta der Vielfalt e. V. (Arbeitsinitiative zur Förderung von Vielfalt in Unternehmen und Institutionen)
- DGTI (Deutsche Gesellschaft für Transidentität und Intersexualität e. V.)
- NETWORK – Gay Leadership
- PROUT AT WORK (PrOut@Work-Foundation, Stiftung zur Förderung von Volks- und Berufsbildung sowie Forschung und Wissenschaft)
- TrIQ (TransInterQueer e. V.)
- VLSP e. V. (Verband für lesbische, schwule, bisexuelle, trans*, intersexuelle und queere Menschen in der Psychologie)
- Völklinger Kreis (Verband schwuler Führungskräfte)
- Wirtschaftsweiber (Verband lesbischer Führungskräfte)

Die hier genannten Gruppen und Organisationen innerhalb und außerhalb von Unternehmen leisten seit Jahren wertvolle Arbeit. Eine wichtige Errungenschaft ist das 2006 in Kraft getretene Allgemeine Gleichbehandlungsgesetz, kurz AGG (das auch gerne als Antidiskriminierungsgesetz bezeichnet wird). Laut diesem Gesetz darf keine Person benachteiligt werden, nur weil sie eine bestimmte ethnischen Herkunft, ein bestimmtes Geschlecht, eine abweichende sexuelle Identität oder Orientierung, eine spezielle Religion oder ein bestimmtes Alter hat. Im Falle einer nachgewiesenen Diskriminierung hat die betroffene Person gemäß § 21 AGG ein Anrecht auf Schadenersatz oder Entschädigung.

DIE LGBTQIA+ COMMUNITY UND IHR UMGANG MIT HASS

Im Gegensatz zu den Lebensbedingungen der LGBTQIA+ vergangener Generationen leben queere Menschen heute in deutlich sichereren Lebensumständen. Vor allem das unermüdliche Engagement der LGBTQIA+ AktivistInnen hat dazu beigetragen, dass in der Gesellschaft tief verankerte Vorurteile abgebaut und die Akzeptanz vergrößert wurden. Nachdem sich die Situation für Lesben, Schwule, Bisexuelle und andere Mitglieder der Community am Ende der 1990er und zu Beginn der 2000er Jahre positiv entwickelt hatte, hat die Community seit einigen Jahren wieder verstärkt mit Ressentiments und Anfeindungen zu kämpfen. Vor allem aus dem rechten politischen Spektrum sowie von Seiten konservativer Kirchenkreise wird Stimmung gemacht. Queere Projekte und ihre Finanzierung aus staatlichen Mitteln werden immer wieder hinterfragt und als unnötig bezeichnet, die Gender-

Theorie wird massiv angegriffen und als Humbug oder „Gender-Gaga" verunglimpft. Auch der in vielen Bundesländern inzwischen im Lehrplan verankerte Aufklärungsunterricht zum Thema Sexualität und sexuelle Vielfalt ist zu einem Feindbild bestimmter politischer Kreise geworden. Überall in der Bundesrepublik nehmen die verbalen und auch physischen Angriffe auf Angehörige der LGBTQIA+ Community wieder deutlich zu. Ein Beispiel für die wieder zunehmende Feindseligkeit im In- und Ausland sind etwa das russische Getz gegen sogenannte „Homo-Propaganda" oder die LGBT-freien Zonen in Polen. Aber auch verletzte LGBTQIA+ Personen oder beschmierte oder eingeschlagene Scheiben von queeren Zentren in Deutschland zeugen vom momentan stattfindenden Rollback in Teilen der Gesellschaft.

Die Community versucht, mit verschiedenen Mitteln, der wieder aufflammenden Intoleranz und dem erneut aufkommenden Hass gegen queere Lebens- und Liebesformen entgegenzuwirken. Die wichtigsten Schlagworte sind hier Dokumentation, Öffentlichkeitsarbeit und vor allem frühzeitige Aufklärung.

WAS KANN DIE COMMUNITY ANFEINDUNGEN ENTGEGENSETZEN?

Dass es wieder verstärkte Anfeindungen gegen die LGBTQIA+ Community und zu ihr gehörende Personen gibt, ist unbestritten. Leider tauchen entsprechende Vorfälle nicht in der Polizeistatistik auf. Ursächlich für dieses statistische „Loch" ist, dass viele Opfer von queer-, trans*- oder homofeindlicher Angriffe überhaupt nicht die Polizei rufen oder die ermittelnden Beamten darüber nicht informieren, dass LGBTQIA+ Personen sind, die wegen ihrer sexuellen Orientierung oder aufgrund ihrer Geschlechtsidentität attackiert wurden. Auch die Angst der Opfer vor einem aktenkundigen Outing und die manchmal nicht ausreichende Sensibilität der Polizeibeamt*innen sind mögliche Gründe. Es wird immer wieder berichtet, dass die Polizei den Hinweis darauf, dass es sich bei einem Angriff um ein sogenanntes Hassverbrechen handelt, nicht genügend oder gar nicht berücksichtigt. In immer noch zu vielen Fällen wird diese Tatsache einfach nicht dokumentiert.

Aus diesem Grund hat die LGBTQIA+ Community eigene Anti-Gewaltprojekte mit eigenen Hotlines ins Leben gerufen und verschiedene Szene-Institutionen haben spezielle Meldebögen entwickelt und E-Mailadressen eingerichtet, die ein Opfer trans- oder homophober Gewalt nutzen kann. Vor allem durch die Meldebögen ist die Community in der Lage, eigene Statistiken zum Thema homo-, trans*- oder queerfeindlich motivierten Angriffen zu führen. Solche nachweise sind wichtig für eine möglichst enge Kooperation zwischen Community und staatlichen Stellen.

Über die bei den Behörden entstandenen Gruppen queerer Zoll-, Justiz- und Polizeibediensteter kann die Community zudem mit den Ermittlungsbehörden in Kontakt bleiben. Inzwischen gibt es vielerorts sogar spezielle Ansprechpartner, die sich um die Belange der LGBTQIA+ Community kümmern und mit ihr zusammenarbeiten. Das bundesweite Netzwerk VelsPol Deutschland für Polizei, Zoll und Justizbedienstete leistet hier wertvolle Dienste zwischen der Community und den Behörden.

WELCHE HILFSANGEBOTE DER LGBTQIA+ COMMUNITY FÜR GEWALTOPFER GIBT ES?

Die LGBTQIA+ Community will aber noch mehr tun. Eine verbale oder sogar physische Attacke macht ja etwas mit einem Menschen. Viele LGBTQIA+ sind zwar taffe Personen, die einen solchen Angriff relativ leicht wegstecken, seelisch und körperlich. Es gibt aber auch genügend Menschen, bei denen durch solch eine Attacke schwere psychische Beeinträchtigungen entstehen können. Mögliche Folgen können Schlaflosigkeit, Angstzustände, Rückzug aus dem sozialen Umfeld, Depressionen oder ähnliche Probleme sein. An dieser Stelle bedarf es einer Aufarbeitung der Ereignisse, denn nur so lassen sich die Folgen einer solchen Gewalttat verarbeiten.

Die Community bietet Dir hier vor allem ein offenes Ohr und kompetente Beratung an. In einigen der großen Szene-Vereine wurden extra Beratungsstellen für Opfer trans-, homo- oder queerfeindlicher Angriffe geschaffen. Dort erhältst Du auch Unterstützung bei der Suche nach Ärzten oder Anwälten. Die Mitarbeitenden übernehmen aber auch die Aufgabe, Deine Familie, den Partner*innen sowie Zeug*innen zum Thema zu informieren.

In manchen Teil-Communitys sind auch Selbsthilfegruppen entstanden, in denen sich Opfer von trans*-, queer- oder homophober Gewalt miteinander austauschen und gegenseitig unterstützen können. Diese in einigen Fällen angeleiteten Gruppen leisten bei der Aufarbeitung solcher Erlebnisse einen wichtigen Dienst. Wo es solche Gruppen gibt, kannst Du ganz leicht auf den Websites von queeren Zentren ermitteln. Meist ist dort ein Ansprechpartner genannt, der Dir mehr über die Gruppe und die Abläufe erzählen kann.

FREUNDSCHAFT, BEZIEHUNG – WAS DIE COMMUNITY DIR BIETET

Ein für die LGBTQIA+ Community sehr wichtiges Thema ist Sex. Je länger Du Dich in der Szene bewegst, umso deutlicher wirst Du erkennen, dass es beim Sex ebenso ist, wie bei den Persönlichkeiten, es gibt unendlich viele „Spielarten", die alle ihre Berechtigung haben und in der LGBTQIA+ Community praktiziert werden. Viele Leute der Community definieren sich auch über ihre sexuellen Vorlieben und nicht wenige finden in speziellen Gruppen eine echte Heimat. Um Dich sexuell auszuleben, brauchst Du das passende Umfeld und Menschen, die Dich, Deine Wünsche und auch deine Grenzen respektieren.

DEINE VORLIEBEN AUSLEBEN IN DER COMMUNITY

Bezüglich sexueller Praktiken ist in der LGBTQIA+ Comunity alles zu finden. Es gibt Freunde des Blümchensex ebenso, wie Fetischfreunde (z. B. Sports- und Underwear, Sneakers, Diper, Latex und vieles mehr) oder SM-Fans mit einem Hang zu Unterwerfung oder Dominanz. Du findest Schwule, die auf Sex mit Transgendern stehen, wirst Lesben mit einer Vorliebe für Tribadie oder Oralsex kennenlernen sowie unendlich viele weitere Praktiken.

CHEMSEX ALS TREND IN DER SCHWULEN SZENE

Vor allem in der schwulen Community ist seit einigen Jahren eine ganz eigene Szene für Chemsex entstanden. Freunde dieser Spielart treffen sich zu Sexpartys, bei denen verschiedene Drogen wie Chrystal Meth, GHB oder GBL (beides ist als Liquid Ecstasy bekannt) konsumiert werden. Durch diese kommt es zu gesteigertem Sexualtrieb und einer zeitweisen Enthemmung. Konsumenten berichten von langanhaltenden sexuellen Erlebnissen. Allerdings kann der Konsum schnell zu einer Abhängigkeit führen. Darüber hinaus besteht die Gefahr, dass Du Dich mit sexuell übertragbaren Krankheiten infizierst, da viele im Rauschzustand nicht auf entsprechenden Schutz durch Kondome oder Hygiene achten. Da immer häufiger von Abhängigkeiten und Problemen aufgrund von Chemsex berichtet wird, hat die Community reagiert und bietet Beratungen für Konsumenten an auch. Außerdem betreibt sie verstärkt Aufklärungsarbeit zum Thema Chemsex innerhalb der Szene.

SPEZIELLE TREFFPUNKTE FÜR SEXUELLE AKTIVITÄTEN

Um bestimmte Sexspielarten zu praktizieren, braucht es bestimmtes Equipment und passende Räume. Nicht jeder hat z. B. die richtigen Spielzeuge für eine SM-Session oder besitzt ein entsprechendes Studio im Keller. Um den Freunden bestimmter sexueller Bedürfnisse einen passenden Ort zu bieten, haben sich Vereine wie etwa der MLC (Münchner Löwen Club), der Quälgeist Berlin e. V.

(für Lesben und Schwule mit BDSM-Vorliebe) oder Leguan Hannover gegründet. Diese Vereine bieten Veranstaltungen in ihren Vereinsheimen an, bei denen Mitglieder bzw. zahlende Gäste ihren sexuellen Fantasien frönen können.

SAUNA ALS TREFFPUNKT FÜR SEXUELLE ERLEBNISSE

Ein vor allem von schwulen Männern gerne genutzter Ort für Sex ist die Sauna. In einigen Großstädten gibt es sogar speziell auf schwule Klientel ausgerichtete Männersaunen. Dort findest Du nicht nur neue Bekanntschaften, sondern auch gleich Mietkabinen, Darkrooms sowie große Spielwiesen für Gruppenaktivitäten. Damit Mann vor oder nach dem Sex noch gemütlich zusammensitzen kann, gibt es gleich noch eine Bar. Vor einiger Zeit tauchte in der LGBTQIA+ Community anlässlich einer Trans*Tagung die Frage auf, ob nicht auch Transmänner Zugang zu Männersaunen haben sollten. Bisher durften sich dort ausschließlich Cis-Männer vergnügen. Damals wurde entschieden, dass Transmänner mit vollzogener Mastektomie (Entfernung der Brust) Einlass erhalten. So wurde nicht nur ein Beitrag zur Sichtbarkeit von Transmännern in der schwulen Szene geleistet, sondern auch dafür gesorgt, dass sie Kontakte in der schwulen Community knüpfen und sich sexuell vergnügen können.

Hier sind lesbische Frauen leider im Nachteil, denn für sie existieren keine solche speziell auf Lesben fokussierte Spezialsaunen. Zwar veranstalten manche Saunabetriebe Frauentage, ob Du dort dann aber potenzielle Sexpartnerinnen findest, ist nicht sicher.

CRUISING-AREAS FÜR ANONYMEN SEX

Eine sehr spannende Angelegenheit sind anonyme Sexdates an mehr oder weniger öffentlichen Plätzen. Solche Orte, die sich oft in Parkanlagen, Schwimmbädern oder auf Parkplätzen befinden, nennt die LGBTQIA+Community Cruising-Areas. Die Besonderheit (und sicher auch ein Risiko) besteht darin, dass Du an diesen Örtlichkeiten auf meist vollkommen Fremde triffst und mit ihnen Sex hast. Mit einer fremden Frau oder einem unbekannten Mann Sex zu haben und dabei eventuell sogar beobachtet zu werden, ist für viele ein Kick, den sie zumindest ausprobieren möchten. Wenn Du schon mal, vielleicht im Sommer, an einem Strand gelegen und ebenso aufgeregt wie sexuell erregt, eine fremde Person beobachtet hast, weißt Du, wie spannen das Cruisen sein kann. Wenn dieses Beobachten, sich Belauern und Flirten dann auch noch in einer Sexsession in freier Natur oder unter der Dusche des Schwimmbades gipfelt, wirst du immer wieder Lust auf diese Art von sexuellen Abenteuern haben.

Wichtiger Hinweis

Beim Cruisen solltest Du extrem vorsichtig sein. Leider kommt es bei solchen Gelegenheiten immer wieder zu Raubüberfällen oder Gewalttaten. Versuche Dich so gut es geht zu schützen, eventuell nimm Pfefferspray mit, wenn Du zu einer Cruising-Tour aufbrichst. Achte auch darauf, dass Du Dich mit potenziellen SexpartnerInnen nicht zu weit von anderen Cruisern entfernst. Hinterlasse bei einem Bekannten am besten auch eine Nachricht, wohin Du gehst, um Dich mit Leuten zum Sex zu treffen. Ebenso wichtig ist auch der Schutz vor Krankheiten, darüber erfährst Du später mehr.

VORSICHT BEI INTERNET-DATES

Wenn es um das Ausmachen von Dates geht, wird das Internet und vor allem einschlägige Dating-Apps immer wichtiger. Wo Du als Lesbe oder Schwuler früher um die Häuser gezogen bist und in den Szene-Bars nach schnellem Sex, neuen Bekanntschaften oder auch der Person fürs Leben gesucht hast, da meldest Du Dich heute einfach auf einer Dating-App für Lesben oder Schwule an. Solche Apps sind z. B.:

- gayParship
- gayromeo
- zoe
- lesarion
- Grindr
- LoveScout24
- Her

- Tyte
- Scruff

Der Vorteil solcher Apps ist, dass Du sie oft kostenlos nutzen kannst. Außerdem kannst Du Dir die Profile potenzieller Date-PartnerInnnen ganz in Ruhe anschauen. Allerdings solltest Du bei solchen Profilen immer eine gesunde Portion Vorsicht walten lassen. Schließlich weißt Du nie genau, ob die gemachten Angaben stimmen, ob die Bilder aktuell sind und was Dein gegenüber letztlich im Schilde führt. Chatte zuerst eine Weile und versuche mehr über die Person zu erfahren. Kommt es zu einem Date mit einer Dir noch unbekannten Person, triff Dich möglichst an einem belebten Ort, etwa in einer Szene-Bar oder in einem Restaurant. Wenn Du unsicher bist, verzichte lieber einmal zu viel, als einmal zu wenig auf ein Date. Vergiss nie, dass es um Deine Sicherheit geht die solltest Du trotz aller Vorfreude und vielleicht großer Lust auf Sex nie aufs Spiel setzen. Um Dich bei solchen Dates mit Unbekannten abzusichern, solltest Du guten Freunden den Profilnamen mitteilen und ihnen sagen, wo Dein Date stattfinden wird.

SEX GEGEN BEZAHLUNG

Eine Möglichkeit, Dich in der LGBTQIA+ Community sexuelle zu betätigen, ist das Buchen eines Callboys oder die Inanspruchnahme von Massagedienstleistungen.

Für jede Spielart gibt es das passende Angebot

Callboys sind zwar meist nicht sehr gern gesehen in den Szene-Bars, Du triffst sie aber dennoch vereinzelt dort. Deutlich schneller bekommst Du allerdings Kontakt über Websites wie Gayromeo, wo es sogar eine eigene Rubrik für Anbieter solcher Dienste gibt. Bei den Anbietern handelt es sich oft um Studenten oder sonstige junge Männer, die sich etwas dazuverdienen wollen oder sogar hauptberuflich als Sexarbeiter tätig sind. In den vergangenen Jahren hat sich der Anteil an Callboys aus den osteuropäischen Staaten deutlich erhöht. Viele von ihnen sind gar nicht schwul, sondern verstehen bezahlten Sex einfach als Möglichkeit, Geld zu verdienen, mit dem sie dann z. B. ihre Familien in ihren Herkunftsländern unterstützen. Leider gibt es auch eine ganze Reihe von Sexarbeitern, die dieser Tätigkeit nicht freiwillig nachgehen. Wenn Du einen Sexarbeiter buchst, solltest Du immer vorsichtig sein. Schau Dir vorher beispielsweise die Kommentare im Profil des Callboys an, so hast Du wenigstens einen ersten Hinweis darauf, welche Qualität seine Dienstleistungen haben, ob er freundlich und zuverlässig ist, ob die Umgebung sauber und hygienisch ist und ob er auf die Wünsche seiner Kunden eingeht. Es kommt leider immer wieder zu Raubüberfällen oder sonstigen Straftaten im Zusammenhang mit Callboys. Vor allem Sexarbeiter aus Osteuropa scheinen hier eine unrühmliche Rolle zu spielen. Falls Du eine solche Erfahrung machst, solltest Du auf jeden Fall Anzeige erstatten. So kannst Du zumindest andere aus der Community vor ähnlichen Übergriffen bewahren.

Erotische Massage mit speziellem Ende

Eine Sonderform der sexuellen Betätigung gegen Geld sind Massagedienstleistungen, bei denen Du ein sogenanntes „Happy Ending" dazu buchen kannst. Das bedeutet, dass Dir nicht nur eine ausgiebige Massage zuteil wird. Zusätzlich befriedigt Dich der Dienstleister, meist oral, bis zum sexuellen Höhepunkt. Je mehr Geld Du investierst, desto vielseitiger kann der zweite Teil der erotischen Massage ausfallen. Hier ist fast alles letztlich eine Frage des Geldes. Solche Dienstleistungen gibt es nicht nur für Schwule, auch lesbische Frauen können in den Genuss einer solchen Massage kommen.

SCHÜTZE DICH SELBST VOR KRANKHEITEN

Beim Sex kann es immer zu Ansteckungen mit einer sogenannten STI, also einer sexuell übertragbaren Krankheit wie HIV, HPV, Syphilis, Hepatitis, Herpes genitalis, Gonorrhoe, Chlamydien oder anderen kommen. Wenn Du nicht auf die geeigneten Schutzmaßnahmen wie die Verwendung von Kondomen achtest, erhöht sich das Risiko einer Infektion, vor allem bei häufig wechselnden Sexualkontakten. Wenn es um das Thema Gesundheit beim Sex geht, dann gilt immer die Devise, dass niemand sonst für deinen gesundheitlichen Schutz verantwortlich ist, als Du selbst. Als erwachsene Person kannst du diese Verantwortung nie auf Deine Sexualkontakte abwälzen und damit argumentieren, dass ja auch der oder die andere aufpassen oder Kondome dabeihaben muss. Falls Du also mal bei einem Date bist und es sind keine Kondome vorhanden, verzichte lieber auf das Abenteuer, denn Du weißt nie, mit wem Dein gegenüber vorher Kontakt hatte. Es geht um deine Gesundheit und die kannst einzig Du alleine schützen.

Zur Verantwortung und zum Schutz Deiner eigenen Gesundheit gehört es auch, in regelmäßigen Abständen einen entsprechenden Gesundheits-Check zu absolvieren. Bei einem solchen Check solltest Du immer auch einen HIV-Test machen lassen.

So gehst Du sicher, dass Du selbst nicht infiziert bist und dass Du auch niemand anderen anstecken kannst. Das gilt natürlich nicht nur im Hinblick auf HIV, sondern auch mit Blick auf alle anderen sexuell übertragbaren Krankheiten. Wenn Du einen sogenannten „Risiko-Kontakt" hattest, kannst DU bei verschiedenen Einrichtungen bzw. Institutionen einen anonymen HIV-Test vornehmen lassen. Du kannst dich unter anderem an folgende Stellen wenden:

- Aidshilfe
- Gesundheitsamt
- Haus- oder HIV-Schwerpunktarzt
- Testveranstaltungen in LGBTQIA+ Zentren

Inzwischen gibt es auch Test-Kits für zu Hause, die sogenannten Heim- oder Selbsttests. Solche Tests musst Du allerdings aus eigener Tasche zahlen, während der Test bei der Aidshilfe, bei den Testabenden in Zentren der Community oder beim Gesundheitsamt kostenlos ist. Zeigt der Selbsttest ein reaktives Ergebnis, solltest Du bei einer der genannten Anlaufstellen einen zweiten Test zur Bestätigung vornehmen lassen.

Es passiert zwar nicht sehr oft, aber hin und wieder zeigen Selbsttests auch dann ein positives Ergebnis, wenn Du gar nicht von einer HIV-Infektion betroffen bist. Ist eine HIV-Infektion bestätigt, dann bietet Dir beispielsweise die Aidshilfe eine umfassende Beratung an und kann Dir Infomaterial an die Hand geben, was in einem solchen Fall wichtig ist.

Obwohl es erwiesenermaßen keinen hundertprozentigen Schutz gibt, kannst vor allem Du selbst dafür sorgen, dass Du gesund bleibst. Schütze Dich selbst!

COMMUNITY ALS TREFFPUNKT – GLEICH UND GLEICH GESELLT SICH GERN!

Wir Menschen sind Gemeinschaftswesen, das bedeutet, dass wir von unserer Psyche darauf angelegt sind, mit anderen Menschen in Verbindung zu treten, mit ihnen zu kommunizieren, Beziehungen aufzubauen und diese zu pflegen. Vielleicht hast Du bei Dir selbst auch schon bemerkt, dass Du zwar für einen bestimmten Zeitraum hinweg gut alleine sein kannst, Dich irgendwann aber nach persönlichen Begegnungen, nach Gesprächen sehnst und sie geradezu suchst. Wir Menschen sind zutiefst soziale Wesen und brauchen soziale Kontakte, ohne sie würden wir irgendwann geistig-intellektuell und emotional verarmen.

Die LGBTQIA+ Community könnte ohne die Menschen, die sich ihr zugehörig fühlen, ebenfalls nicht auf Dauer existieren. Immerhin ist es ja ihre Hauptaufgabe, für die Belange von Menschen zu engagieren. Die Kraft dazu verleihen ihr einzig die unzähligen ehren- und hauptamtlichen Mitarbeitenden, also wiederum Menschen. Diese haben sich aber vor allem deshalb zur Mitarbeit entschlossen, weil sie die Community vorher als Ort erlebt haben, an dem sie sich frei bewegen und die Menschen sein dürfen, die sie nun mal sind, Schwule, Lesben, Bisexuelle, Pan- oder Polysexuelle, Asexuelle, Non-Binäre, Trans*Menschen oder Trans- oder Intersexuelle. Die LGBTQIA+ Community will Menschen zusammenbringen. Dafür hat sie verschiedenste Orte geschaffen, einzelne Institutionen oder auch ganze Stadtviertel.

Exkurs: Früher waren die unzähligen Szene-Bars, Kneipen oder Vereinsheime wichtige Anbahnungsorte für Dates, Sexabenteuer oder Beziehungen. Mit der Entstehung des Internets und den sich immer stärker durchsetzenden schwulen oder lesbischen Dating-Apps ist diese Funktion immer stärker geschwunden. Heute musst Du nicht mehr ausgehen, um jemanden kennenzulernen oder einen Partner bzw. eine Partnerin für Sex zu finden. Inzwischen kannst Du Dich vom Sofa aus verabreden. Der große Nachteil ist die Anonymität und der oft sehr viel kürzere oder sogar ganz wegfallende persönliche Kontakt. Heute dienen die noch existierenden Szene-Locations tatsächlich vor allem als Orte für die Aufnahme und Pflege nichtsexueller, sozialer Kontakte. Du triffst Dich dort mit Freunden, um gemeinsam etwas zu trinken oder zu essen, Gespräche zu führen oder gemeinsame Aktivitäten zu planen. Nur noch wenige gehen aus, um zu flirten oder einen Sexpartner zu finden.

NIEDERSCHWELLIGE ANGEBOTE FÜR „NEWCOMER"

Hier ist zunächst zu klären, was denn der Begriff niederschwellig überhaupt bedeutet. Niederschwellig bedeutet ja vor allem, dass Interessierte ohne große Hürden Zugang zu Räumlichkeiten oder Veranstaltungen finden. Niederschwellig wäre ein Angebot beispielsweise, wenn man nicht erst irgendwo klingeln oder seinen Namen in eine Teilnehmerliste eintragen muss, um an einer

Veranstaltung teilzunehmen. Für eine Gruppe der anonymen Alkoholiker wäre es z. B. eine hohe Schwelle, wenn die Teilnehmenden erst ein Lokal mit Alkoholausschank durchqueren müssten, um in den Raum zu gelangen, wo die Gruppe ihre Sitzung hat.

Vor allem für Personen, die noch auf der Suche nach ihrer eigenen sexuellen Orientierung oder geschlechtlichen Identität bzw. ganz neu in der LGBTQIA+ Community sind, tragen nicht selten große Ängste mit sich herum, weil sie noch vollkommen neu im Umfeld der Community sind und sich nicht auskennen. Gerade für sie braucht es Angebote und Orte, zu denen ein sehr niederschwelliger Zugang möglich ist. Falls Du noch unsicher bist, was Deine eigene Ausrichtung angeht, bieten Dir die queeren Zentren der Community einen solchen, sehr niedrigschwelligen Zugang. Meist betreiben sie in ihren Räumen ein Café oder eine Bar, die nicht nur von Lesben oder Schwulen frequentiert werden, sondern zunehmend auch bei Heterosexuellen beliebt sind. Aufgrund dieser Durchmischung der Gäste fällt es Newcomern leichter, dorthin zu gehen und sich unauffällig umzuschauen. Für Minderjährige sind Jugendzentren eine wichtige Anlaufstelle. Queere Jugendzentren mit ihren jeweiligen Gruppen und Freizeitangeboten bieten eine gute Möglichkeit des Zugangs. Oft sind die Gruppen explizit für Personen ausgeschrieben, die noch auf der Suche sind. So kannst Du immer noch sagen, dass Du dir nicht sicher bist und Dich einfach umschauen möchtest.

Je häufiger Du Dich in der Szene bewegst, umso mehr werden vorhandene Ängste und Unsicherheiten von Dir abfallen. Mit jedem Besuch im queeren Zentrum, der Lesben-Kneipe oder der Gay-Bar wirst Du selbstsicherer und hast irgendwann (hoffentlich) keine Bedenken mehr, Dich an diesen Orten zu bewegen. Irgendwann wirst Du merken, dass Dir die LGBTQIA+ Einrichtungen zu einer Art Heimat werden und Dir den geschützten Raum bieten, den Du benötigst, um Du selbst zu sein.

Am Beginn Deines Coming-out ist es sicher noch sehr spannend, der Welt von Dir und Deinem Sosein zu berichten. Mit der Zeit kann es aber auch anstrengend werden. Irgendwann merkst Du, dass Du keine Lust mehr hast, Dich ständig zu erklären und in ein sozusagen endloses Coming-out hineinzurutschen. Du wirst spüren, dass auch Du Zeiten brauchst, in denen Du einfach so sein darfst, wie Du bist. Wie jeder Mensch, so willst auch Du, dass man Dich verständnisvoll als die Persönlichkeit annimmt, die Du bist. Leider leben wir in einer heterosexistischen Gesellschaft und bewegen uns dadurch vor allem an Orten, die vollgestopft sind mit heterosexuellen Grundprämissen und Grenzen. Die tägliche Umgebung, die Menschen, denen wir begegnen, alle schreien uns längst überholte Menschen- und Rollenbilder entgegen und wollen uns einreden, dass bestimmte Dinge unredlich, unmoralisch und verwerflich sind. Ein Musterbeispiel für das sture Festhalten an solchen heterosexuellen Prämissen sind die religiösen Gemeinschaften, allen voran die römisch-katholische Kirche. Für sie ist die gelebte Homosexualität eine Sünde bzw. „moralische Unordnung" und die homosexuelle Neigung wird von ihr als „objektiv ungeordnet" charakterisiert.

Aus diesem Grund ist es für LGBTQIA+ so ungemein wichtig, Orte besuchen zu können, an denen solche Prämissen und Grenzen keine Gültigkeit besitzen. Es braucht Orte, wo das "Anders-Sein" als Norm anerkannt ist, wo Flirten zwischen gleichen Geschlechtern zum guten Ton gehört und wo sich niemand angeekelt wegdreht oder über Geschlechtergrenzen diskutieren will, wenn sich zwei Frauen oder zwei Männer leidenschaftlich küssen. Vielen aus der LGBTQIA+ Community tut es also einfach gut, sich mal nicht rechtfertigen oder in irgendeiner Weise erklären zu müssen, sondern sich frei von schrägen Blicken oder dummen bzw. unwissenden Kommentaren bewegen zu können. Dies ist zumindest eines der Ziele, die die Community verfolgt.

FREIZEITTREFFS

In der LGBTQIA+ Community arbeiten zwar viele Hauptamtliche, der größte Teil der sich zur Community Zählenden nutzt sie aber in ihrer Freizeit. Aus diesem Grund haben sich unzählige Freizeitgruppen gegründet, in den sich Gleichgesinnte treffen und ihren Hobbys nachgehen. Angeboten werden queere

Wandergruppen, schwule Schachclubs, lesbische und schwule Chöre, lesbische Brunch-Gruppen oder Sprachgruppen für Lesben, Schwule und alle anderen LGBTQIA+. Vor allem in den queeren Zentren gibt es zudem viele ehrenamtlich Tätige. Ihre Aufgabe ist es, den Betrieb und die Angebote der Zentren zu gewährleisten. Falls Du noch neu in der Community bist, ist eine ehrenamtliche Tätigkeit eine gute Möglichkeit, mehr über die Szene zu erfahren und Kontakte in alle Richtungen zu knüpfen.

Viele Freizeitaktivitäten in der LGBTQIA+ Community finden aufgrund von Berufstätigkeit hauptsächlich abends oder an den Wochenenden statt. Einzige Ausnahme bilden hier die lesbischen, schwulen oder trans* SeniorInnen. Sie unternehmen auch innerhalb der Woche viele Dinge, treffen sich zu Yoga und Gymnastik oder organisieren Kurzreisen in andere Städte oder zu besonderen Orten. Dabei versuchen sie jeweils, Informationen über die Community vor Ort zu vermitteln oder sogar Kontakt mit ansässigen LGBTQIA+ Gruppen herzustellen. Auf diese Weise werden die Freizeittreffs zu wichtigen Veranstaltungen, wenn es um die Vernetzung der einzelnen Communitys geht.

Wichtiger Fixpunkt innerhalb der Freizeitgruppen ist die Planung der Teilnahme am CSD der jeweiligen Heimat-Community. In vielen Städten entscheiden die Gruppen sogar mit, wenn es um die Suche eines Mottos für den CSD geht und gestalten dann eigene Wagen, Plakate oder Kostüme, die sie auf der Demo präsentieren. Oft sind es eben die Freizeitgruppen der LGBTQIA+, die das jeweils gewählte Motto am auffälligsten umsetzen und die dafür sorgen, dass die CSD-Demos viele Teilnehmende haben und nicht nur auf laute Musik und nackte Haut reduziert werden. Vor allem die CSD's bieten vielen LGBTQIA+ die einzige Möglichkeit im Jahr, für die eigene Lebens- und Liebensform öffentlich einzutreten und den politischen Zielen der Szene Nachdruck zu verleihen.

KOMMERZIELLE ANGEBOTE DER COMMUNITY

Auch beim Reisen, Feiern und Partymachen sind LGBTQIA+ ein Querschnitt der Gesellschaft. Auch Lesben, Schwule, Bisexuelle, Trans*Personen und alle anderen in der Szene Beheimateten, machen sehr gerne Urlaub und feiern gerne und ausgiebig. Dieses Wissen hat dazu geführt, dass sich, vor allem in den Großstädten, sehr breit gefächerte und auf verschiedene Zielgruppen spezialisierte, kommerzielle Angebote entwickelt haben.

QUEERE REISEN

Obwohl nicht alle LGBTQIA+ über große Finanzmittel verfügen, so gelten Lesben und Schwule trotzdem als sehr reiselustig. Sie geben mitunter viel Geld aus, um sich vom Alltagsstress zu erholen. Verschiedene Anbieter für Reisen und sogar Hotels und Airlines tragen dieser Tatsache Rechnung und haben Angebote für LGBTQIA+ in ihren Programmen. Inzwischen gibt es sogar queere Reisebüros wie etwa:

- Pinktours
- Gayreisen
- Fairlines
- Männer-unterwegs
- Maedels-Reisen
- Schoene-Reisen
- Travel-M
- Gaytrotter
- OvertheRainbow

Diese und weitere findest Du vor allem im Internet, es gibt aber auch stationäre Reisebüros, die sich auf die queere Klientel fokussieren. Dazu gehören beispielsweise das in Berlin ansässige Reisebüro gay'n'away, Teddy Travel in Köln oder das Reisebüro Rosa Reisen in München.

PARTY, PARTY, PARTY

Zum queeren Lebensgefühl gehört für viele, vor allem jüngere Lesben und Schwule, das Feiern und Tanzen. Obwohl es in der jungen Community den Trend gibt, nicht mehr explizit lesbisch oder schwul auszugehen, sind auf queeres Publikum ausgerichtete Party-Locations immer noch sehr beliebt. Es gibt tatsächlich die Auffassung, dass Lesben und Schwule besser feiern können, als Heterosexuelle und auch wenn dies einer der zahlreichen Klischees ist, so sind lesbische, schwule oder queere Partys immer etwas Besonderes. Die Anzahl der rein queeren Party-Locations geht zwar in den letzten Jahren stark zurück, es gibt sie aber nach wie vor, hauptsächlich in den großen Metropolen des Landes, etwa in Berlin, Köln, München oder Frankfurt. Aber auch in Dresden, Leipzig, Erfurt oder Rostock findest Du Orte, um lesbisch, schwul oder queer zu feiern.

Beim Feiern ist zu unterscheiden zwischen Partys, die zu bestimmten Terminen stattfinden und Bars, Kneipen oder Clubs, die von LGBTQIA+ betrieben werden. Während die großen Partys nicht selten in eigentlich heterosexuellen Diskotheken oder Party-Locations stattfinden, haben Lesben und Schwule in den Bars, Kneipen und Clubs der Szene vor Ort jeden Tag die Möglichkeit, zu feiern.

Eine durchaus besondere Party-Atmosphäre bieten die queeren Zentren mit angeschlossener Bar. Die Tatsache, dass sich dort viele verschiedene Leute aus der Community treffen, macht sie zu Orten, an denen Du in sehr konzentrierter Weise die Vielfalt der Szene miterleben kannst. Wenn an einem Freitag- oder Samstagabend dort Lesben, Schwule, Bisexuelle, Tran*Menschen und sogar Heterosexuelle zusammenkommen, um Musik zu hören, miteinander ins Gespräch zu kommen und es sich bei einem Drink gutgehen zu lassen, dann entsteht eine offene und von Respekt geprägte Atmosphäre, in der es besonders viel Spaß macht, zu feiern.

LGBTQIA+ GUIDES, MAGAZINE UND ZEITSCHRIFTEN

Es ist nicht zu leugnen, dass die technischen Errungenschaften, als Internet und Apps, die Existenz von Druckerzeugnissen gefährden. Trotzdem haben Magazine oder Zeitschriften sowie Guides in einem handlichen Format immer noch Bedeutung, werden gekauft und verwendet. Dies gilt auch für Druckerzeugnisse aus dem Bereich LGBTQIA+. Zwar gibt es inzwischen jede Menge Apps, aber viele Lesben und Schwule, wenn auch nur die älteren Generationen, bevorzugen immer noch das gedruckte Wort bzw. Bild. Vor allem bei den (Stadt-) Magazinen gibt es einige, die sich in der Community besonders verwurzelt haben und versuchen, den Niedergang zu verhindern. Dazu zählen etwa:

- L-Mag
- Siegessäule (Berlin)
- LEO-Magazin (München)
- Fresh-Magazin (NRW)

Zugegebenermaßen muss man allerdings eingestehen, dass gerade die Stadtmagazine, die früher ein adäquates und wichtiges Mittel der Information und Vernetzung für die Mitglieder der LGBTQIA+ Community darstellten, ihre beste Zeit hinter sich haben.

Trotzdem muss man ihnen großen Respekt zollen, waren sie doch über einen sehr langen Zeitraum eine wichtige und vor allem unabhängige Informationsquelle.

HOCHGLANZ-MAGAZINE

In einer deutlich besseren Position sind LGBTQIA+ Magazine, die vor allem die Bereiche Fashion, Fitness, Lifestyle und auch Erotik bedienen. Gerade diese Themen sind für viele Lesben und Schwule von großer Wichtigkeit. Viele Magazine nutzen dieses Wissen und konnten so bisher die Konkurrenz (Internet und Apps) zumindest bisher erfolgreich abwehren. Nationale und internationale Hochglanz-Magazine finden immer noch guten Absatz in der Szene. Beispiele sind etwa:

- ADAM
- Attitute
- BOX
- CURVE
- Du&Ich
- GQ
- Mannschaft
- OUT
- QCULTURE
- SCHWULISSIMO

Diese Magazine bieten Dir eine Mischung aus aktuellen Themen, die die Community betreffen, Lifestyle-Tipps, Ratschläge zum Thema Lust und Liebe, Hinweise zu Reisen und Berichte aus Kultur und Gesellschaft. Fast immer sind in den Magazinen gutaussehende, meist leicht bekleidete Vorzeige-Schwule zu sehen, frei nach dem Motto „Sex sells". Die meisten Titel sind auch als App erhältlich. So kannst Du das Magazin auch lesen, wenn Du unterwegs bist.

REGENBOGENFAMILIEN

Die meisten Paare, egal ob verheiratet oder unverheiratet, entwickeln irgendwann einen Kinderwunsch. Sie möchten etwas von sich weitergeben an die zukünftige Generation, möchten die Freuden (und manchmal auch Leiden) der Elternschaft erleben und sehen, wie ihr Kind aufwächst. Auch Personen, die sich der LGBTQIA+ Community zugehörig fühlen, hegen den Wunsch nach einer Familie mit Kindern. Für diese Form der Familie hat sich die Bezeichnung Regenbogenfamilie entwickelt.

DUDEN VERSUS COMMUNITY - DAS PROBLEM DER DEFINITION

Im Duden findet sich seit dem Jahr 2009 auch eine Definition des Begriffs Regenbogenfamilie. Sie wir charakterisiert als eine Familie, bei der das Elternpaar gleichgeschlechtlich ist. Mit dieser Begriffsdefinition ist die LGBTQIA+ Community nicht zufrieden, denn für sie ist die Realität der Familie deutlich vielfältiger. Die Community definiert Regenbogenfamilie deshalb als Familie, in der wenigstens ein Elternteil sich als lesbisch, schwul, bisexuell, trans* oder inter* charakterisiert. Unwesentlich ist dabei auch, ob jemand allein, mit jemandem zu zweit oder im Rahmen einer sogenannten Mehrpersonen-Patchwork-Variante Kinder hat.

VOM KINDERWUNSCH ZUR REGENBOGENFAMILIE

Wenn Du zur Community gehörst und gerne Verantwortung für Kinder übernehmen möchtest, gibt es unterschiedliche Möglichkeiten, eine Regenbogenfamilie zu gründen. Prinzipiell stehen drei verschiedene Arten zur Verfügung:

- die leibliche Elternschaft (natürliche bzw. künstlich herbeigeführte Schwangerschaft)
- die Adoption (auch Stiefkind-Adoption)
- die Pflegschaft

Als offizieller „Startschuss" für die Möglichkeit, eine Regenbogenfamilie zu gründen, gilt der 1. Oktober 2017. An diesem Tag trat das „Gesetz zur Einführung des Rechts auf Eheschließung für Personen gleichen Geschlechts" und damit die Erlaubnis zur „Ehe für Alle" offiziell in Kraft. Aufgrund dieses Gesetzes können verheiratete Lesben und Schwule gemäß § 1742 Abs. 2 Satz 2 BGB (Bürgerliches Gesetzbuch) gemeinschaftlich Kinder adoptieren.

ZAHL DER REGENBOGENFAMILIEN IN DER LGBTQIA+ COMMUNITY

Wie hoch die Zahl von Regenbogenfamilien in der Bundesrepublik ist, kann leider nicht mit Sicherheit gesagt werden. Laut Schätzungen bewegt sich die Zahl zwischen einigen tausend und mehreren hunderttausend Familien. Ursache hierfür ist, dass Angaben zur sexuellen Orientierung der Teilnehmenden bei sogenannten Mikro-Zensus-Umfragen stets freiwillig sind. Nicht alle Befragten geben dies an, sodass keine genaueren Rückschlüsse auf die genaue Größe dieser Personengruppe möglich sind.

ANLAUFSTELLEN FÜR REGENBOGENFAMILIEN UND INTERESSIERTE

Bei diesem Thema gibt es viele Fragen und die gesetzlichen Regelungen, etwa zur Möglichkeit einer Insemination, zur Pflegschaft oder zur Adoption im Ausland sind sehr umfangreich und komplex. Daher hat die Community in den letzten Jahren ihre Bemühungen verstärkt und Treffpunkte geschaffen, an denen sich LGBTQIA+ zum Thema Regenbogenfamilie Informationen holen, beraten lassen und sich in Gruppen treffen können. In München gibt es beispielsweise unter der Trägerschaft des dort ansässigen Lesbenzentrums ein Regenbogenfamilienzentrum mit dem Titel Treffpunkt, Fach- und Beratungsstelle Regenbogenfamilien. Eine ähnliche Einrichtung gibt es schon seit dem Jahr 2013 in Berlin.

LGBTQIA+ COMMUNITY – VERHÄLTNIS ZU DEN KIRCHEN BZW. RELIGIONSGEMEINSCHAFTEN

Im Jahre 2019 gehörte mit 55 Prozent etwas mehr als die Hälfte der Deutschen einer der beiden christlichen Kirchen an, war also römisch-katholisch (22,6 Millionen) oder evangelisch (20,7 Millionen). 4,4 Millionen Bürgerinnen und Bürger (das sind 5,4 Prozent der Bevölkerung) gehörten 2015 als Muslime zum Islam. Diese Zahlen haben natürlich Auswirkungen in die LGBTQIA+ Community, denn damit ist ein nicht unerheblicher Teil von Lesben, Schwulen, Bi-, Pan- oder Asexuellen sowie Trans*-Personen zumindest auf dem Papier Mitglied einer religiösen Gemeinschaft.

DIE CHRISTLICHEN KIRCHEN UND HOMOSEXUALITÄT

LGBTQIA+ Personen haben eine sehr lange und in vielen Fällen schmerzhafte Geschichte mit ihrer Kirche. Über viele Jahrhunderte hinweg galten Menschen mit homosexueller Orientierung als

Sünder, wurden zum Teil diskriminiert, verfolgt und sogar aus der Gemeinschaft der Glaubenden ausgestoßen. Die evangelische Kirche (und ihre verschiedenen Teilkirchen) hat sehr viel früher als die römisch-katholische Kirche begonnen, sich mit dem Thema Homosexualität und Geschlechtsidentität zu befassen und ist inzwischen soweit, dass sie sogar lesbische, schwule oder transidente PfarrerInnen beschäftigt und Segnungen gleichgeschlechtlicher Paare erlaubt. Bei der römisch-katholischen Kirche ist die Situation eine andere. Wer sich als LGBTQIA+ outet, der muss noch immer mit offener Diskriminierung rechnen, verliert bei der Schließung einer gleichgeschlechtlichen Ehe nicht selten seinen Arbeitsplatz und hat es trotz vieler guter Worte noch immer schwer, seinen Platz als LGBTQIA+ Person in den römisch-katholischen Gemeinden zu finden, vor allem in ländlichen, oft sehr konservativen Regionen.

Trotz allem gibt es viele LGBTQIA+, denen ihr Glaube und die Zugehörigkeit zu einer der Kirchen wichtig ist. Sie versuchen, von innen heraus etwas zu verändern. Ein Ausdruck für solche Bemühungen ist die 1977 gegründete HuK (Ökumenische Arbeitsgruppe Homosexuelle und Kirche). Die Gruppe versteht sich als Werkzeug, mit dessen Hilfe eine volle Teilhabe von Lesben, Schwulen, Bisexuellen, Trans* und Inter*-Personen am kirchlichen und gesellschaftlichen Leben erreicht werden soll. Die HuK möchte die befreiende Botschaft der Bibel vermitteln und kämpft:

- für den Abbau von Vorurteilen und gegen Diskriminierung von LSBTIs in den Kirchen
- für die völlige Gleichstellung mit heterosexuellen Cis-Männern und Cis-frauen im Berufsleben
- gegen Ausgrenzung und Diskriminierung von HIV-Positiven
- für Räume, in denen LGBTQIA+ Personen ihre Spiritualität leben und teilen können
- für mehr Sichtbarkeit und Akzeptanz als ChristInnen in der LGBTQIA+ Community
- Im Rahmen ihrer ausschließlich ehrenamtlichen Arbeit bemüht sich die HuK unter anderem um die Teilnahme an evangelischen und katholischen Kirchentagen. Darüber hinaus bietet sie regelmäßig für alle offene Queer-Gottesdienste an

und organisiert jeweils zum Beginn der CSD's einen solchen Gottesdienst. Leider gestaltet sich die Beziehung zwischen Kirche und LGBTQIA+ noch an vielen Stellen sehr schwierig, sodass auf dem Weg hin zur Akzeptanz noch viel zu tun bleibt.

VERHÄLTNIS ZWISCHEN ISLAM UND LGBTQIA+ COMMUNITY

Ein in der LGBTQIA+ Community noch weit verbreitetes Vorurteil ist, dass alle Muslime eine homophobe Einstellung haben. Diese Einschätzung entspricht allerdings nicht der Realität. Bei einer Umfrage zum Thema „Ehe für Alle" befürworteten nämlich immerhin 65 Prozent der Befragten ohne bestimmte Glaubensrichtung (sunnitisch, schiitisch oder alevitisch) diese Institution. Was auffiel, war der Unterschied zwischen in Deutschland geborenen und zugezogenen Muslimen. Hier Geborene waren zu 70 Prozent für die „Ehe für Alle", bei den Zugezogenen stimmten lediglich 53 Prozent zu.

Trotz dieser ermutigenden zahlen bleibt das Verhältnis zwischen Muslimen und der LGBTQIA+ Community oft schwierig. Es wird leider immer wieder von verbalen oder sogar körperlichen Angriffen von Seiten junger Muslime auf LGBTQIA+ berichtet. Für viele Muslime ist Homosexualität nicht statthaft, also „haram", also verboten. Laut dem schwulen Imam verbietet der Koran Homosexualität nicht. Dennoch wird öffentlich gelebte und praktizierte Homosexualität von vielen Muslimen als Hindernis zwischen Mensch und Gott verstanden. Auf der anderen Seite gibt es inzwischen den ersten offen schwulen Imam, der sich mit dem von ihm gegründeten Verein Kalima für diskriminierte LGBTQIA+ Glaubensgeschwister sowie einen weltoffenen und toleranten Islam einsetzt.

RELIGIONSGEMEINSCHAFT UND LGBTQIA+ COMMUNITY ALS HEIMAT

Obwohl das Verhältnis zwischen den Religionsgemeinschaften und LGBTQIA+ Personen oft nicht einfach ist, wünscht sich doch eine beachtliche Zahl von Lesben, Schwulen, Bi-, Pan- oder Asexuellen sowie Transgendern in beiden „Gemeinschaften" eine Heimat. Ursächlich ist häufig eine tiefe, in der Kindheit grundgelegte Verwurzelung in der jeweiligen Religionsgemeinschaft. Das kirchliche Leben vermag uns Menschen nämlich für unser gesamtes Leben zu prägen. Die wöchentlichen Gottesdienstbesuche, der Religionsunterricht, die kirchlichen Kinder- und Jugendgruppen, der Dienst als Ministrant, die Zugehörigkeit zu den Pfadfindern oder zur Jugendband bewirken sehr oft eine tiefe Verbindung, hinterlassen zutiefst positive Eindrücke und den Wunsch, auch als Erwachsener Teil einer solchen Gemeinschaft zu bleiben. Selbst negative Erfahrungen wie Diskriminierung und Anfeindung können dieses Band erstaunlicherweise oft nicht zerreißen. Sie schaffen es, sich in der LGBTQIA+ Community und in ihrer Religionsgemeinschaft beheimatet zu fühlen.

Auch der bereits erwähnte Wunsch, die Religionsgemeinschaft von innen heraus zu verändern, trägt häufig dazu bei, dass LGBTQIA+ Personen ihrer Kirche bzw. Religion treu bleiben und auf diese Weise für Akzeptanz und gegen Diskriminierung eintreten. Es gehört allerdings wohl eine gehörige Portion Leidensfähigkeit dazu, die fortdauernden Anfeindungen und Abwertungen (zumindest der römisch-katholischen Würdenträger oder muslimischen Traditionalisten) auszuhalten und den Kampf nicht aufzugeben, der oft wie der berühmte Kampf von Don Quixote de la Mancha gegen die Windmühlen anmutet. Hier bleibt im Einzelfall abzuwarten, wie lange ein Mensch die Demütigungen von oberster kirchlicher Stelle erträgt. Der Community fällt die Aufgabe zu, die Diskriminierungen durch die Kirchen bzw. Religionsgemeinschaften immer wieder zu dokumentieren, offen zu benennen und zu verurteilen. Dieser Prozess ist ein langwieriger, denn über Jahrhunderte oder Jahrtausende gewachsene Ressentiments lassen sich nicht von einem Tag auf den anderen beseitigen. Es bedarf großer Geduld und eventuell irgendwann großer Entschlossenheit, sich von den Fesseln einer Institution zu befreien. Das kann notwendig werden, wenn eine religiöse Gemeinschaft nicht beabsichtigt, sich weiterzuentwickeln, sondern die Entscheidung trifft, LGBTQIA+ Personen bewusst und fortlaufend zu diskriminieren.

FAZIT – LGBTQIA+ COMMUNITY WAR, IST UND BLEIBT WICHTIG!

Du hast jetzt einiges über Dich selbst und noch mehr über die LGBTQIA+ Community erfahren. Vermutlich bist Du erstaunt, wie breit die LGBTQIA+ Community aufgestellt ist, in welchen Bereichen sie überall tätig ist und an wie vielen Orten Du Kontakt zu ihr aufnehmen kannst. Viele fragen sich heute, ob es denn die Community in dieser Form überhaupt noch braucht. Immerhin hat sich die Lebenssituation von LGBTQIA+ in vielen Bereichen deutlich verbessert, sie haben Rechte dazugewonnen, dürfen offiziell eine Ehe begründen, sind durch das Allgemeine Gleichstellungsgesetz vor Benachteiligung geschützt und haben es durch hartnäckiges Engagement geschafft, zumindest in Teilen der Gesellschaft für ein Umdenken zu sorgen. Immer wieder ist zu hören, dass die LGBTQIA+ Community in der Mitte der Gesellschaft angekommen ist. Das ist für viele Grund genug, zu postulieren, dass es die Community eigentlich nicht mehr braucht.

Schaust Du allerdings genauer hin, verfolgst die Meldungen über LGBTQIA+ freie Zonen in Polen, die Verfolgung Homosexueller in

Tschetschenien, die ständigen Verschärfungen des „Anti-Propaganda-Gesetzes" in Russland, die Hinrichtungen homosexueller Männer im Iran, die wieder zurückgenommenen Gesetze zum Schutz von Transsexuellen in den USA und auch die wieder steigende Zahl von homophoben Übergriffen in Deutschland, wirst Du sehr schnell erkennen, wie dringend notwendig die LGBTQIA+ Community ist.

Der Community ihre Daseinsberechtigung abzusprechen oder sie gar abzuschaffen, wäre grob fahrlässig. Es ist ein Fehler, sich auf den von früheren Generationen hart erkämpften Errungenschaften auszuruhen, denn ein Blick in die Welt zeigt, dass der Kampf um Gleichberechtigung, Gleichstellung und Akzeptanz weitergeht. Vor allem das Erstarken von populistischen Parteien im In- und Ausland und die damit einhergehende, neu erwachende Homo- und Transphobie ist Anlass zur Sorge. Äußerungen und Anträge von politisch Aktiven solcher Parteien macht mehr als deutlich, dass die LGBTQIA+ Community zu den Feindbildern solcher Parteien gehört.

Nicht zu unterschätzen ist auch die Funktion der LGBTQIA+ Community als Schutzraum und als Ort der Pflege von sozialen Kontakten. Gerade für Lesben, Schwule oder sonstige Community-Mitglieder, die nicht so selbstbewusst in der heterosexuell geprägten Gesellschaft unterwegs sind oder die weniger soziale Kontakte haben, sind die Angebote der Community besonders wichtig, bilden sie doch häufig die einzigen Anknüpfungspunkte für eine aktive Teilhabe. Schon, weil die LGBTQIA+ Community Angebote macht, die von jung bis alt genutzt werden können, ist sie eine Gemeinschaft, in der jemand ein Leben lang eine Heimat finden kann, in der er sich nicht verstecken oder erklären muss.

Nicht selten sind die Angebote der Szene der einzige Ort, wo jemand tatsächlich ganz so sein darf, wie er ist, nämlich lesbisch, schwul, bi-, pan- oder asexuell bzw. transident oder transsexuell. Insofern spielt die Funktion als Schutzrum eine immer noch enorm wichtige Rolle, auch aufgrund der sich wieder verstärkenden Anfeindungen gegen LGBTQIA+ Personen.

Obwohl die Szene sich verändert und zum Teil auch dramatisch schrumpft, bleibt sie dennoch ein extrem wichtiger Ort für alle Menschen jenseits der heterosexuell geprägten Gesellschaft.

WEITERFÜHRENDE INFORMATIONEN UND WICHTIGE INSTITUTIONEN DER LGBTQIA+ COMMUNITY

Im Verlauf des Buches haben wir Dir schon verschiedene Links zu wichtigen Einrichtungen zur Verfügung gestellt. Um Dir noch mehr Informationen zur Verfügung zu stellen und Dir eine eventuelle Kontaktaufnahme zu erleichtern, haben wir Dir in diesem Abschnitt zwei Listen zusammengestellt. In der ersten findest Du einige interessante Links, über die Du weiterführende Informationen zu verschiedenen, die LGBTQIA+ Community betreffende Themen erhältst.

Die zweite Liste beinhaltet dann die Links zu wichtigen Institutionen der LGBTQIA+ Community.

INTERESSANTE INFORMATIONEN ZUM THEMA LGBTQIA+

Coming-out:

https://www.dji.de/fileadmin/user_upload/bibs2015/DJI_Coming-out_Broschuere_barrierefrei.pdf

Jugendstudie – Da bleibt noch viel zu tun:

https://www.muenchen.de/rathaus/Stadtverwaltung/Direktorium/Koordinierungsstelle-fuer-gleichgeschlechtliche-Lebensweisen/Jugendliche-Lesben-und-Schwule/Jugendstudie/Befragung.html

Regenbogenfamilien:

https://berlin.lsvd.de/wp-content/uploads/2018/01/Regenbogenfamilien-BB-staerken.pdf

Islam und Homosexualität (Verein Kalima):

https://www.facebook.com/Kalima.Deutschland/

Diversität und Inklusion:

https://beyondgenderagenda.com/#start

Trans* Kinder und Jugendliche:

https://www.bpb.de/gesellschaft/gender/geschlechtliche-vielfalt-trans/269316/zur-situation-von-trans-kindern-und-jugendlichen

Diskriminierung am Arbeitsplatz (YouGov-Umfrage 2019):

https://www.queer.de/detail.php?article_id=34025

Gesellschaft und Community (Studie):

https://www.antidiskriminierungsstelle.de/SharedDocs/Downloads/DE/publikationen/Umfragen/Handout_Themenjahrumfrage_2017.pdf%3F__blob%3DpublicationFile%26v%3D3

Wichtige Institutionen der LGBTQIA+ Community in Deutschland:

https://www.waldschloesschen.org/de/ (Akademie Waldschlösschen)

https://www.lsvd.de/de/ (Lesben- und Schwulenverband Deutschland e. V.)

https://lambda-online.de (Bundesverband jung & queer)

http://lesbenundalter.de (Dachverband)

http://schwuleundalter.de (Bundesverband schwuler Senioren)

https://www.bine.net (Bisexuelles Netzwerk e. V.)

https://www.bundesverband-trans.de (Netzwerk aller Trans-Mitgliedsorganisationen)

https://www.transinterqueer.org/ (TransInterQueer e. V.)

https://www.queer-refugees.de (Netzwerk für LGBTQIA+ Geflüchtete)

https://www.aidshilfe.de (Deutsche Aidshilfe e. V.)

https://berlin.lsvd.de/projekte/regenbogenfamilien-berlin/ (Regenbogenfamilienzentrum Berlin)

https://www.regenbogenfamilien-muenchen.de (Regenbogenfamilienzentrum München)

https://www.antidiskriminierungsstelle.de/DE/Home/home_node.html (Antidiskriminierungsstelle des Bundes)

Impressum

Herausgeber:
Kristina Naumovic
Jürgen-Töpfer-Str. 91
22763 Hamburg

Printed in Great Britain
by Amazon